무등산無等山
범대순 시집

무등산無等山
범대순 시집

문학들

|시인의 말|

잃어버린 무등산의 원시를 찾아서

선인들의 무등산 산행 시문이 적지 않다. 산이 명산이고 고을 가까이 있고 온화하고 육산肉山이라 암석을 타는 위험이 없기 때문에 화순, 담양 등 인근 선비들이나 목백, 현령 등 인근에 벼슬한 사람들이 산행을 하고 그에 대한 글을 남겼거나 바위에 이름을 새겼다. 그리고 그 많은 글들은 한결같이 '유서석록' 이라든지 '유서석기' 등 요산요수樂山樂水한 기록들이다. 요산요수는 땀 흘리지 않고 달리지 않고 소리 지르지 않은 선비의 생활 방식이었다. 산행이 설혹 고통스러웠다 하더라도 글 속에 고통을 적는 일은 글의 도가 아니었다.

그래서 산행한 선인들의 글 속에 고통을 전하는 기록이 없다. 그러나 그 까닭은 짐작컨대 산행이 힘들지 않았기 때문이라고 나는 생각한다. 하인이나 짐꾼들에게 때로 절 중에게 짐을 지게 하고 가마를 타고 산행했으니 가마 위에서 아니면 쉬면서 요산요수하면 되었다. 일정 때 선교사들이 여름휴가를 지리산 세석평전

산장에서 보내기 위해 산행한 이야기도 있다. 산장으로 가는 행렬 속에 피아노를 짊어지고 간 짐꾼들이 있었다. 그러나 선비들의 유산록처럼 선교사의 글에도 짐꾼 이야기는 없다. 짐꾼들이 눈에 들어온 것은 현대적인 인식이다. 그러나 옛날 어른들의 산행 이야기에 나는 거부감을 갖지 않는다. 오늘날 에베레스트 등반도 셰르파가 있지 않은가.

 글은 분별이고 수양이기 때문에 선인들은 글 속에 자기를 가렸다. 또 글이 현실에 집착하면 너무 모가 나고 풍격이 없다고 가르쳤다. 산행 시문 또한 대부분 그러하였다. 중국 고전에 비유하고 때로 과장하고 음풍농월하면서 끊임없이 자기를 일상에서 멀리하였다. 따라서 힘들어도 글에 자기의 거친 숨결이 보이면 정도가 아니었다. 나는 아니다. 나의 산행은 잃어버린 무등산의 원시를 찾아가는 고산고수苦山苦水의 길이고 자기의 영혼과 육체를 짊고 산을 오르는 짐꾼이고 셰르파의 기록이기도 하다. 진경眞景에

대한 인식도 다르다. 나는 자기 자신에게 단순하고 순수하고 솔직하다. 그리고 산행이 고행이고 중독이고 광기이기 때문에 그래서 산행인 것이라고 나는 믿고 있다.

평생 허락된 정상 1,100m의 서석대를 한계로 무등산 산행 1,100회니, 서석대 등정 160회니 하는 숫자는 어설픈 기록이지만 나에게 그것은 숫자가 아니라 스토리다. 그 스토리 속에 10분지 1은 남이 꺼리는 날 산행이었다. 그 속에 한겨울 영하 30℃의 서석대 등정이 있고 폭설폭우 속의 등반이 있고 35℃ 더위 속의 산행이 있고 급류에 휩쓸려 죽을 뻔하다가 119의 도움으로 살아난 일도 들어 있다. 무등산은 나의 죽음에 이른 병이다. 나의 고산고수는 그리스 신화 속 시지프스의 상황과 다르지 않다. 숙명적 고행이기 때문이다. 그러나 불교가 가르치는 인간고해人間苦海의 길과 다르지 않은 이 숙명적 고행을 가장 위대한 인간상이라고 말한 까뮈를 믿고 그것을 시로 쓰면서 인간의 업적 가운데 시(문학예술)가 가장 오래 산다는 보르헤스의 의심스러운 헛소리와 공감한다.

이 시집에 수록한 시 101편은 내가 평생 무등산을 산행하면서 때로 고개 이름, 바위 이름을 제목으로 때로는 비유로 쓴 작품들이다. 그 가운데 I, II부 56편은 신작이고 III, IV부 45편은 이미 다른 시집에 산재한 작품이지만 '무등산無等山'이란 제목의 새 책에 과감하게 같이 묶었다. 시집 『무등산無等山』을 새롭고 크게 생각하는 뜻을 강조하고 싶은 것이다. 우연한 연고로 동행한 KBS가 제작한 영상 앨범 산, '세월의 길을 걷다'는 나의 무등산 산행록이다. 거기서 몸으로 거친 숨소리로 말했지만 나는 이미 위기에 든 나이임을 안다. 그래서 이 시집 『무등산無等山』이 나의 백조의 노래가 될는지 모르지만 나는 동요하지 않을 것이다. 『문학들』의 송광룡 형과의 오랜 우정에 이 시집이 새 기운의 계기가 되었으면 한다. 이 시집은 딸 영숙의 도움을 받았다. 그의 피아노 교육 100권째 저서출판이 자랑스럽다.

2013년 가을

범대순

차례

4 시인의 말

I. 큰 바위의 꿈을

14 큰 바위의 꿈을
16 해와 뿌리를 위한 추상抽象
18 천산지곡千山之曲
20 무등산 중머리재
23 불타는 무등산
24 무명한 죽음
26 혼자 가는 산
28 무등산 바람재
29 장불재
30 우중雨中 산
32 무등산 야생화 집
37 입석대
38 알프스 산 한밤중
39 우수雨水
40 국화재菊花祭
42 거기 강물같이 자색紫色이 흐른다
44 무등산에 눈 내린다
46 무등산 단풍
48 무등산 솔바람
49 서석대 설치미술

50   사람같이
51   김지하 시인에게
52   무등산 옛길
53   황원결의 억새
54   재즈 산악회
56   독도에 대한 감정
57   무등산의 시원
58   토끼등

II. 아직도 꿈

60   겨울 산행
61   무등산 눈꽃
62   무돌길 접신接神
64   무등산 백마능선
66   W.H. 오든 묘지
68   연륜 산법年輪 算法
75   봄비
76   비빔밥 송
78   김수황 평전
79   이명耳鳴
80   때로
82   예쁜 마을

84　　구석참

86　　꿈꾸는 돋보기

88　　무등산 쑥국새 – 하회河回 씨에게

90　　구름 꽃

91　　작은 바위

92　　백년전쟁

93　　다시 그 사람

94　　노홍老紅의 시간

96　　태풍고颱風考

97　　아직도 꿈

98　　셀프 문화

99　　두견새

100　무당촌

101　사라져 버린 것을 위하여

102　무등산 장마

104　땀

III. 큰 눈 내린 날

108　무등을 바라보며

110　무등산 제題 절구絶句 선

111　무등산

112　야간 산행

114 무등산 규봉無等山 圭峰
115 새인봉
116 난실蘭室
117 큰 눈 내린 날
118 무등산에서 미친 것은 나뿐만이 아니다
119 무등산 선유船遊
120 바람재
121 신록
122 무등산 서석대 - 정규철에게
123 시집『나는 디오니소스의 거시기다』서시
124 시를 쓰면 폭풍이 불 줄 알았다 - 김규성에게
125 적벽동천赤壁洞天
126 오월 하늘의 순간
127 산새
128 산하山下의 마을
129 새인봉 노래
130 너덜겅
131 사월이여 안녕

Ⅳ. 무등산이 불이었을 때

134 형이상학적 분노 - 김성곤에게
135 천왕봉 세한도 - 서명원에게

136 야생
137 새인봉 광사狂士
138 다시 새인봉 광사
139 출가
140 다시 바람재
141 허허
142 무등산 송 - 석성碩星에게
144 큰비 내린 날의 산행
145 산 산유山 山有
146 바위여 불로 돌아가라
147 가을이 가을인 것은
148 새인봉 설경 - 마재숙에게
149 무등산이 시인에게
150 무등산이 불이었을 때
152 다시 무등산
153 범종
154 의로움은 햇빛같이
155 3,000번
156 다만 헛소리가 명약이구나
157 파안대소의 여진
158 무등산 운해

160 **해설** 백수광사의 산행_ 김형중

I. 큰 바위의 꿈을

큰 바위의 꿈을

하늘이 하늘에 반하는 것은
거기 천둥소리가 살고
땅이 땅에 반하는 것은
거기 사람이 살기 때문

남자가 남자에 반하는 것은
거기 의로움이 있고
여자가 여자에 반하는 것은
거기 외로움이 있기 때문

무등산은
그 천둥소리 그 사람들
그 의로움 그 외로움
그 억만년의 생성生成

그 자락에 작게 태어나
천둥소리를 듣고 자라면서
의로움을 이웃으로

여든의 나이에 또 외로움을 만났으니

사람이면서
하늘이면서 땅이면서 있는 산
그 안에 한 줌 흙으로 살아
오래 큰 바위의 꿈을 꿀 거나

해와 뿌리를 위한 추상抽象

해가 산 위에 뜨면
뿌리는 산의 사상이 되고
해가 바다 위에 비치면
뿌리는 물의 사상이 되었다

해가 고구려에 비치면
뿌리는 대륙이 되었고
해가 조선에 비치면
뿌리는 역사의 미래가 되었다

뿌리가 해의 안이듯
해가 뿌리의 안이듯
우리도 해의 안이게 하여다오
뿌리의 안이게 하여다오

산의 안이고 강의 안이고
나라의 안이게 하여다오
대낮의 안이고 한밤의 안이고

있음의 안이고 없음의 안이게 하여다오

그리하여 새처럼 멀리 날고
짐승처럼 크게 울게 하여다오
때로 천둥을 일으키며
화산으로 무등산으로 꽃피게 하여다오

천산지곡千山之曲

새인봉 절벽 진달래꽃
여름 입석대 군무群舞

봄 서석대 가는 길
철쭉 철쭉 철쭉

여름 중봉 해와 같이
고을 보는 눈

가을 장불재 중봉 간
억새로 핀 사람들

겨울 내리는 너무 많은 눈
눈보라 속 천왕봉 낙락장송

무등산 천산千山
춘하추동

산행은 늘 높고 푸르고
마음은 벅차고 설렌다

무등산 중머리재

화순 너릿재 가는 길
약초마을에서 자고

해를 믿고 가파른 용추계곡을 거슬러 가다
대낮쯤 쉬면서 왼쪽을 보면 새인봉으로 달리는 산맥

학동에서 증심계곡을 택하면
약사암을 지나 하루를 가야

서석대 기를 이은 큰 기운 중봉을 거쳐 숨차게 내리는 산등
중머리같이 생긴 넓게 트인 큰 고개가 있다

중머리재 이름을 중이 지었을 리는 없고
또 거기 갈 일이 없는 왕이 지었을 리도 없다

막내를 막내라 부르고 돌같이 생긴 놈을 돌쇠라고 부르듯
딸만 나는 집에 또 딸이면 딸 그만이라 부르듯

우연히 지나가는 스님을 만나 장난으로
중머리재는 나무꾼들 사이에 저절로 생긴 이름

임진왜란 때 왜인들이 여기 들지 못한 까닭이
하늘의 뜻을 같이한 무등산 한 중심에

또 일본 헌병과 싸운 한말 의병의 시대에도
여기에 죽창이 산같이 쌓여 있었다

우리가 사는 사월에는 사월이 오월에는 오월이
흥분한 우리의 숨을 골라 주는 큰 고개

지금 서울 광화문 남대문시장이나 지하철처럼
너무 예쁘고 너무 젊은 사람들이 모이는 광장에

그 빨간 볼에 향기가 눈에는 불이 입에는 입김이
출발선에 선 천리처럼 발을 굴리는 흥분을 같이

앞으로 무슨 일을 꾸밀지 알 수 없는 무서운 아이들이
춘하추동 할 것 없이 떼로 모인 무등산 중머리재

불타는 무등산

새해 아침 무등산 서석대 정상
1,100고지가 불타는 까닭이 있었다

검은 밤의 영하까지도
불타는 까닭이 있었다

입석대 바위가 서서 춤을 추는 까닭
온 산이 일어서면서 불타는 까닭이 있었다

무등산 서석대 하늘에 불이 나는 그 시각
때맞춰 산 아래 고을이 불타는 까닭

산과 사람이 같이 원시가 되는 까닭
나의 꿈이 불이 되는 까닭이 있었다

무명한 죽음

당신을 망월동에 묻으면서
단둘이서 꼭 할 말이 있었다.

살아생전 봄바람 같았던 사람
가을에는 감나무 높이 열린 가파른 꿈

언제나 너무 예쁜 말
당신의 바람은 너무 순하였다

이제 속마음으로 돌아갔느냐
구름 같은 푸름을 얻었느냐

벗고 영원히 새로운 원시
이제 자유를 얻었느냐

얻었으면 흙을 털고 일어나
더 큰 바람으로 돌아 와다오

무등산
낙락장송 흔들리는 뿌리

하늘을 가르는 큰 바람
화산같이 붉고 밝은 바람으로 돌아와다오

혼자 가는 산

내가 무등산에 가는 것은
이미 캠퍼스를 벗어난 화가같이

저주 같은 광기로
태초의 야성을 향하는 일

환상과 현실이 어지럽게
피를 흘리며 공존하고 있음을 만나고

때로 맨발과 정막과 침묵이
원시 그대로의 동작에 취하고

어디서 왔는가 어디로 가는가
오늘 여기 나는 무엇인가

조숙한 소년의 화두철학같이
산이 싫어하는 질문을 던지면서

자연의 깊은 곳을 파헤치고 들어가
아름답고 무서운 자색을 구하는 일

무등산 바람재

무등산 바람재
바람이 되기 위하여

덕산계곡 굽이굽이
맑은 물이 되어야 한다

여든 나이의 여름이
삼천배가 되어야 한다

붉은 깃 노란 부리의 산새가
높고 푸른 하늘을 울어야 한다

사람사람 원색의 외침이
백 년같이 생생하여야 한다

장불재

화순 하늘 아래에서 광주장까지 산길로 이십 리
그 한 목에 900고지 장불재가 있다

열 살이 되어서야 다니는 학교
장불재는 겨울도 여름이었다

백마능선 석양
멀리 원효사 종소리

거기 서면 늘
흔들리는 스님

바람 불고 비 내리면 산은 다 길
길에 화순도 없고 광주도 없다

우중雨中 산

예보가 있었지만은
이렇게 큰비일 줄은 몰랐다

날로 알게 더딘 발목
네발로 간다는 느낌이었다

비를 만나면 더욱 산길
물 흐르는 원효계곡

천둥이 일면서
바다로 가는 물의 큰 꿈

하늘도 물 산도 물
나도 물 물도 물

큰비 속 작은 행차
한평생 두꺼비 같은 삶

어디로 행하는지
스스로 염을 초월한 수행

벼락 속에 뚜벅뚜벅
진한 금색을 간다

무등산 야생화 집

1. 백양꽃

잎이 있을 땐 꽃이 없고
꽃이 있을 땐 잎이 없는
옛날 우리 젊은 어머니같이

봄날 땅속에서 나오는
길쭉하고 뭉뚝한 잎은
징용 간 남편처럼 가서 돌아오지 않았다

그 가묘에서 한여름 무릎 높이로 한 많은 꽃줄기
손가락 마디 크기의 작은 대여섯 꽃자루
그 끝이 곱게 분을 바른 듯
흰빛이 도는 젊음의 주황색 아낙이여

뒤로 말린 여섯 장 갸름한 꽃잎과
밖으로 길게 뻗어 나온 암술과 수술
그 슬픈 아름다움이 꿈같은 옛날같이 남아 있구나

백양꽃이여 보름만 살다마는 젊음이여
여기는 무등산 동적골
이제 세상이 좋아졌으니
슬픔을 거두어다오 더 붉은빛으로 피어다오

2. 뻐꾸기 나리
유백색 꽃잎 실핏줄 옅은 자줏빛
날개 무늬는 검푸른 얼룩
꽃잎이 뻐꾸기 가슴을 닮았다

뻐꾸기 나리는 한여름
하늘을 바라보면서 사는 짐승같이
산기슭에 서서 햇빛을 그리워한다

무등산 꼬막재에서
규봉 가는 길 더 중봉 거기
너무 가난하게 서서 기다리는 너

같이 살고 싶다고 말하지만
난들 너를 어찌할 거나
내가 사는 막은 하늘도 햇빛도 산 같지 않으니

3. 꽃창포
7월이 오면
산 타기가 더욱 힘든 나이
새인봉 바람재면 몰라도
장불재 중봉 신선봉은 너무 겹다

겨운 그 해발 900
푸른 억새 숲에 쉬면
여기저기 드문드문
금남로 거리 힐을 신은 예쁜 아이들같이

자세히 들여다보면

꽃잎이 여섯 장
그 가운데 세 장은
드러나게 벌린 크고 하얀 가슴같이

눈이 어지럽구나 노란색 뾰족한 무늬
꽃봉오리 모양은 마치 먹물을 머금은 아낙같이
나의 마음을 어찌 알고 붉은 자줏빛이냐
한여름의 삶 나의 갈증을 또 어찌 알았는고

4. 복수꽃

눈을 삭이고 나오기 때문에
눈 색이 꽃

얼음 사이로 나오기 때문에
얼음 새 꽃

전쟁 속에서 살아난

아이들같이

꽃 한가운데 노란 수술
수술 밑에는 다정한 암술 연두색

순이야 무등산이 다 금빛이구나
우리 살아남아서 참 잘했지

눈이 부시게 너무 노란색
작은 꽃에 가슴이 이렇게 설레다니

입석대

백을 읽으면
스스로 열리는 뜻

무등산 입석대
백을 오른 날

규장각
희귀본 고서 서가같이

겹게 고개를 들면
서책은 더욱 높이 있다

천둥보다 더 진하게
쌓인 눈 그리고 푸른 하늘

산 겨울 정오에 서서
연월의 높이를 읽는다

알프스 산 한밤중

알프스와 무등산이 같은 것은
거기에서나 여기에서나
내가 다소 미쳤다는 것

알프스와 무등산이 다른 것은
알프스는 밤에 어둠 속에서만 미치게 하고
무등산에서는 내가 대낮에도 미친다는 것

알프스 푸른 심장
무등산 불타는 서석대

알프스와 무등산이 다른 것은
알프스에서는 밤중에 나는 멘사뎅이로
무등산에서는 그것으로 대낮에도 논다는 것

알프스와 무등산이 같은 것은
알프스에서나 무등산에서나
밤낮으로 나의 멘사뎅이가 절망한다는 것

우수雨水

숨만 크게 쉬어도
가슴에 금이 갈 듯

새인봉 절벽
진달래꽃이 새삼스럽게 위태롭다

나의 봄같이 물구나무 선 소나무 가지에
도시의 피곤이 닿아 있다

비가 내리지 않은 우수
약사암 목탁 건기침 소리

기상 이변은 다 어디 갔느냐
이 가뭄 속 폭풍우라도 알아듣겠다

국화제菊花祭

일상을 접고
묵념한 뒤
국화 자색紫色 앞에 무릎을 꿇는다

여러 손 고루고루
새 쌀로 빚은 술
세 번 붓고 재배하였다

가을 서석瑞石
높고 푸른
흰 구름과 해의 까닭이 아름답구나

돌아보니 큰 들
긴 역사 고랑 고랑
생각나는 사람들

일제가 있었다
전쟁이 있었다

그리고 모진 기상氣象을 산

오솔길 같은
팔십의 나이가
스스로 향기롭다

거기 강물같이 자색紫色이 흐른다

흐르는 땀을 그대로
서석대에서 보는
눈 덮인 중봉, 멀리 도시의 그늘

눈을 돌리면
장난감같이 작고 예쁜 원효사
실낱같이 구불구불 절에 닿는 길

고개를 돌리면 장불재
장불재에서 시작하는 백마능선
그리고 안양산

다시 백아산을 향하면
스스로 감기는 눈
감기는 눈 속에 뜨는 마음

아름다운 풍경들
아름다운 역사

아름다운 사람들

1,100고지 석양
겨울 하늘의 시간
거기 강물같이 자색이 흐른다

무등산에 눈 내린다

무등산에 눈 내린다 첫눈이 내린다
서석대에 내린다 입석대에 내린다 규봉에 내린다
무등산에 내리는 첫눈 11만 5,000년
돌기둥의 원시가 젖는다

무등산에 첫눈 내리면
일어서는 너덜겅 5만 년
지공너덜겅 덕산너덜겅
생성의 동작을 회복하는 바위들

무등산에 첫눈 내리면
다람쥐 오소리 멧돼지 청설모 노루 고라니
두더지 뒤쥐 땃쥐 작은 땃쥐 관박쥐 집박쥐
너구리 대륙 족제비 모두 다 다 같이 불이 된다

무등산에 눈 내린다
무등산에 첫눈 내리면
하늘은 구름이 되고 구름은 전쟁이 된다

전쟁은 세계를 그리고 역사를 그린다

무등산에 눈 내린다
무등산에 첫눈 내리면
하산하지 않고 그대로 서서
나는 목 놓아 운다 원시 여름 천둥같이 운다

무등산에 첫눈 내리면
내가 왜 우는지
서석대도 입석대도 규봉도 너덜겅도
다람쥐도 노루도 미친 그 까닭을 알지 못한다

무등산 단풍

낙엽을 줍는 소녀가
고개를 들어 나뭇가지를 쳐다보았다

아가씨, 단풍이 아름다운 것은
아직 살아 있기 때문입니다

아직 잎으로 나뭇가지에 있거나
낙엽이 되어 땅에 있거나

빨강 노랑 주황 진홍
적갈색 초록색 연초록색

거기 그대로 같이 모여 햇빛을 받으면서
푸른 하늘로 가는 동작을 하고 있기 때문입니다

광주 금남로 거리 가득
우리가 손에 손을 잡고 노래 부르듯

한 잎 한 잎 다 같이 땅 위에 앉아
푸른 하늘을 그리워하기 때문입니다

무등산 솔바람

무등산 솔바람은
눈보라 속
큰불이 식는 소리를 낸다

서석 입석 규봉이
찬 겨울과 같이
타는 원시를 달래고 있다

덕산 지공 너덜겅
아직 흥분이 가시지 않은
둥근 돌의 그리움

사람들이 서서 그렇듯
지리산이 그렇듯
눈감고 같이 부르는 노래

무등산 솔바람은
헤아릴 수 없는 삶
멀고 아득한 마음 그 자색紫色을 분다

서석대 설치미술

거리에서
실성실성
씨부렁씨부렁
그는 스스로 미친 줄도 모른다

아니다 때로
자기를 너무 잘 안다
부조리의 미학같이
세상은 배신을 넘어섰다

100미리가 예보된 봄비가
여름보다 더 사나울 때
무등산 정상 천둥이
미친 폭풍우와 야합할 때

바위 위에서 다 벗고
백 년의 춤을 춘 까닭
그가 서석대 150번째
땀방울이 미친 날이었다

사람같이

무등산은
산이 아니라
강물같이
그래서 세월같이

무등산은
산이 아니라
날개같이
그래서 그리움같이

무등산은
산이 아니라
원시같이
그래서 불기둥같이

무등산은
산이 아니라
하늘같이
그래서 사람같이

김지하 시인에게

술 마시고 감옥에 가고 다시 술 마시고
그리고 파안대소
19세기 프랑스에 그런 시인이 있었다

엉망이 더하면 더한
오늘 우리가 사는 세상에
어찌 더 시원한 어긋남이 없으랴

플라톤이 시인을 추방한 것은
시인이 어긋나기 때문이었다
그러나 시인은 어긋나기 때문에 살아남았다

오늘 어긋난 사람은 다 가 버렸다
황토는 오염되었다
너는 감옥에서 죽어야 했다

돌아와다오 우리 시대 최후의 파격이여
키가 크고 가슴이 넓은 산
무등산은 아직도 너의 풋고치를 기억하고 있다

무등산 옛길

겨울에도 얼지 않은 물소리
물 옆에 산새와 노루 고라니
나무들 하늘과 자유로운
산은 그 옛날 큰 산이었다

바위는 해와 놀고
달과 놀고 별들과 놀고
구름 바람 소리와 놀면서
늘 사람을 그리워했다

무등산이 하늘이었을 때
꾸불꾸불 오솔길이 있었다
그 길은 스님과 나무꾼과
산 도둑이 다니는 길이었다

오솔길이었던 옛날
무등산 옛길은
가난한 전라도 시인이
마음속으로 다니는 길이었다

황원결의 억새

무등산 가을 하늘에
해가 기울고 있다

구름 위 서석대
선바위를 뒤로

중봉 아래 억새들
자색이 이는 바람결

길게 오솔길
멀리 사람이 가고 있다

재즈 산악회

내가 낀 모임 가운데
재즈 산악회가 있다

너무 이상한 사람끼리의
너무 이상한 모임으로

주먹으로 발바닥 손바닥으로
지팡이로 돌바닥 땅바닥을

사정없이 나대고 춤추고
두서가 없고 향방이 없다

국립공원 무등산 산신이 놀랄
너무 큰 고성방가로 난장으로

때로 푸른 싶 대로 돌아가고
때로 단군 할아버지와 논다

내가 낀 미친 재즈 산악회는
팔팔하게 꿈속의 시간이 있다

독도에 대한 감정

할아버지 어디까지 가십니까
독도까지 갑니다

여기에서 독도까지 갈 수 있습니까
그렇습니다 갈 수 있습니다

여기는 무등산이 아닙니까
그렇습니다 무등산입니다

그런데 무등산에서 독도까지 갈 수 있습니까
갈 수 있습니다 지금 내가 가고 있지 않습니까

무등산의 시원

나는 평생
무등산의 시원을 찾아 헤맸다

그러나
무등산의 시원은 없었다

그러다 어느 날
나는 신비한 불기둥을 만났다

그것은
나의 꿈속이었다

그리고
꿈을 깬 뒤로도 나는 불을 느낀다

불기둥이
나의 꿈과 같이 있기 때문이다

토끼등

덕산에서 중봉까지는
토끼들도 뛰지 않고 쉬어간다

너덜겅 바위틈으로 흐르는 물
거기서 빨간 눈을 씻는 까닭도 있다

양지바른 곳이라 졸다가
그 틈에 거북이가 앞서 갔다

거기 토끼등인 또 다른 까닭에
언제나 보름달이 내려와 같이 논다

II. 아직도 꿈

겨울 산행

어머니의 젖가슴에
케이블카를 박자는 것을
간신히 가로막은 다음 날

눈이 너무 많이 내리고
천연스럽게 푸른 하늘
해가 바다에 배가듯 간다

눈은 눈 바람은 바람
사람은 사람
누구도 뜬 눈으로 차마 담을 수 없는

소리 없는 천둥 같은 푸른빛
눈길 겨울이 자유롭게 미친
환상 속에 산행이 더운 무등산이여

무등산 눈꽃

저것을 어떻게 한다냐
다만 하얀 것 위에 하얀 것
역사도 전쟁도 파묻어 버린
백 년 같은 저 작은 별들을 어떻게 한다냐

꽃 위에 또 사랑같이
찢어질 듯 휘어진 가지가지
말고는 있어도 다 아닌
저 하얀 사상을 어떻게 한다냐

바람결이 조금만 있어도 쏟아질 듯
쏟아지면 산이 무너질 듯
아슬아슬 가슴이 두근거리는
만유위험萬有危險의 법칙이여

사람은 없다
푸른 하늘보다 더 푸른
저 순수한 겨울을 두고
다시 도시로 가야 하는 미운 마음이여

무돌길* 접신接神

그렇게 큰 몸을 하고도
이렇게 작게 움직이는 맘의 바늘
앉은 듯 선 듯하면서
만리를 부리며 좇는 눈 뜨고 감는 사이

저것이 무엇인가

봄 가을 봄 가을
둘레를 헤매어도 어이없이 긴 시작과 끝,
건기침도 없이 언제나 하나로 말하고 듣고 보면
오천 년 그 앞뒤로 또 오만 년 말해 온 긴 사연,

저것이 무엇인가,

저자를 정말로 저자를
저자의 검은 예의를 배우고
그리하여 좋을 때 울음 같은 것 슬플 때
웃음 같은 것 없이 검은 그대로

그대로 서 있다가 나 또 하나의 저 의젓한
만고의 젊음이 되게 하라

* 무돌길은 무등산 무당촌 가는 길

무등산 백마능선

푸른 하늘을 달리면서
흰 갈기가 천리 같다

보고 있으면 손에 잡힐 듯
동으로 서로 날리는 자유

큰 허공에 꿈
무지개 또 무지갯빛의 어지러움

가을 중봉에서 바라보는
석양 백마능선

장불재에서 안양산까지
길고 큰 사상思想을

타지 못하고 하산하자니
눈물과 같이 한이 남는다

아름다움은 절망
백마이면서 젊음이었다

W.H. 오든 묘지

그렇게 자유롭게 살았지만은 그러나
그렇게 그는 거기 자유를 벗고 누워 있다
간 날 다만 스펜더, 이샤우드, 칼먼, 오스번, 맨델손 등에게
그의 최후는 조용히 슬픔을 남겼다

그의 뜻대로 알프스 산중만큼이나 호젓한 마을
그를 닮은 황토물이 흐르는 다뉴브 강가 강변마을
킬흐스테텐 작은 성당 뒤뜰에
W.H. 오든은 생긴 그대로 누워 있다

무명한 동네 사람들과 나란히
그러나 동네 사람들과 다른 것은
그들의 묘는 천사나 묘비로 눈에 띄었고
오든은 다만 녹슨 철판에 이름과 연대만 있다

'사는 동안의 그 감옥 속에서
그는 자유인들에게 칭송하는 방법을 가르쳤다'
웨스트민스터 사원 포에츠 코너 돌바닥에

그의 이름과 같이 새겨진 그의 말이다

그는 잡식성으로 식욕이 좋았고 평생 젊었고
아이슬란드로 중국으로 스페인으로 미국으로
다시 영국으로 그리고 마침내 오스트리아
다뉴브 강가에 뿌리 깊은 잡초로 그는 살아 있다

나는 열일곱 살부터 그를 좋아했다
한국전쟁 때 그 때문에 죽을 뻔한 일도 있다

그리고 지금 무등산 여든세 살
당신 때문에 행복하다고 고백하고 있다

연륜 산법年輪 算法

1. 아슬아슬하였다

서석대 수정병풍
진달래꽃같이

6·25 전쟁 때
나의 목숨같이

어둠 속에
푸른 사상같이

여든 무등산
숨소리같이

나의 젊음 스물은
너무 아슬아슬하였다

2. 바람피우는 나이
나이 서른은
바람피우는 나이

분홍빛 소리를 내면서
날개가 푸른빛이었다

자유는 높낮이가 없고
원근은 강약이 없었다

나의 30
연륜은 굵고 뚜렷하였다

3. 다만 헤매었다
나이 마흔은
나이가 아니었다

이름도
이름이 아니었다

이웃도
사촌도 멀었다

땅이
하늘이 아니었다

다만
헤매었다

4. 말띠
나이 쉰은
나의 말띠

막으면

뛰는 나이

이방을
뛰어다녔다

꽃이
피는 나이는 아니지만

야성으로 보아야
지성이 보이는 나이

5. 철이 든 나이
나이 예순은
철이 든 나이

비로소
남이 보이는 나이

무등산 속에서
흐르는 물을 보듯

낮은 곳이
높이 보이고

남을 보면서
자기를 보는 나이

6. 어른이 보이는 나이
나이 일흔은
어른이 보이는 나이

골진 무등산 물소리같이
비지는 땀

밤에는 꿍꿍 앓으면서
뒤적이는 잠

생생히 살아나는
어른과 자기가 겹치는 나이

7. 눈이 밝아진 나이
나이 여든은
눈이 밝아진 나이

뒤를 따라가면서
앞서가듯

뒤에서 보아도
더 잘 보이듯

시렁 위에 해묵은

먼지도 보이는 나이

무등산 먼 산 훤히
다 보이는 나이

봄비

밤 내 저렇게 비가 내리면
서석대에 쌓인 눈은 어떻게

흰빛에 앉은 붉은 산새
날아가 버리면 어떻게

이렇게 잠이 안 오는 까닭
너는 꿈으로라도 알아볼 거나

꽃망울에 닿는 햇빛도
달랠 수 없는 이백 년의 까닭을

비빔밥 송

수줍은 음양을 같이하면서
처음은 조심스럽게 탐색하다가
한 번 수저가 힘을 얻으면

콩나물과 채지와 고추장 생고기와 계란전
묵은 배추김치와 참기름 그리고 무등산 새나물
하늘 같은 거기 가난도 같이 비빈다

나의 비빔밥은
민주적 온도와 천산千山의 기氣
강물과 원시가 섞이면서
알큰한 파토스의 빛을 발한다

동서남북으로 삶을
에너르기를 비비고
야성과 대륙과

비빔밥은 역사를 비비면서

무등산같이
나의 내일을 사랑을 비빈다

김수황 평전

전시회를 연 적은 없지만
글씨가 선비 수준이었다

수학선생으로 한문도 가르쳤다
작아도 인품 때문에 주변에서 늘 형님이었다

무엇보다 그는 노래가 일품
정말로 타고난 가수였다

내가 무등산을 같이 다니자고 한 날
그는 배가 너무 아파 입원하였다

췌장암 사실을 듣고
아픈 배와 딸과 같이 노래방에 갔다가

그리고 그는
다음 날 노래의 나라로 갔다

이명耳鳴

작은 뜰
하나는 가고
또 하나만 남아서
이명과 같이 살고 있다

알래스카 앵커리지로 가는 비행기가
한밤에 북극을 넘으면서
솜 같은 구름 위에 내리는 소리를
손을 잡고 둘은 눈을 감았었다

깊은 가을
마지막 풀벌레들이 기를 다하여
무등산 정상의 새 소리를 닮은
소리의 추상을 그리고 있다

너무 작은 뜰 너무 짧은 해의 오후
금방 볕이 눕더니 이내 해가 지고 저녁 별
별은 고요가 내는 먼 금속성으로
가까이 이명과 교감하고 있다

때로

때로
무등산이 영산강이듯

어머니가
때로 아버지이듯

야성적인 것이
가장 지성적이듯

매국이
때로 애국이듯

역사가
때로 오늘이듯

인간이 때로 짐승이듯
미운 것이 예쁘듯

큰 것이 작듯
있는 것이 없듯

눈은 뜨고
마음을 감듯

무등산이
하늘이듯 사람이듯

예쁜 마을

무등산 병풍산 맥 사이로
굽이굽이 흐르는 영산강
넓은 들에 부는 맑은 바람
한가운데 너무 작은 마을

강변에 옛날부터 착한 사람들
가난한 손에 넘치는 마음
겨울에도 꽃이 피는 집들
여름에는 천둥이 웃음이었네

동서남북 수시로 뜨는 무지개
동무들 놀면서 언제나 꿈을 꾸었다
강물 멀리 멀리 돌을 던지면서
우리들은 늘 바다를 그리워했다

　-새 울지 않고 구름 흐르지 않은
　 하늘에 별이 없는 밤
　 삭막한 말 키 크고 속없는 콘크리트

이웃 없는 거리에서 서성거리는 삶

돌아가야 하겠네 돌아가야지
영산강 강변 무등산이 알아본 마을
먼 먼 꿈에도 잊은 적 없는
고향에 꼭 돌아가야 하겠네

구석참

방 가운데
이야기꽃이 피는데

등잔불 뒤에
구석참 한 사람

무등산 야생화처럼
숨어서 웃고 있다

세상일 넘치고
할 말 어찌 없으랴

산에 고개 많고
강에 굽이 많고

숲을 보라는 말
바다를 보라는 말

푸짐한 말잔치
낄 틈 없지 않으련만

그대로 구석에 앉아
그 사람 그저 웃고 있다

꿈꾸는 돋보기

화순 초등학교 입학식
애국가 제창이 즐거운
베트남 새댁

칠산 앞바다
보일 듯 안 보일 듯
파도를 타고 돌아오는 배

새인봉 절벽
벗은 맨발이 큰
미운 젊은 놈

서석 자색
낙락장송
늘 왼쪽은 겨울

눈 내린 날
수염에 고드름

새해 새인봉 풍경

여수 향일암자
석양 수평선
붉음을 담는 눈

무등산 쑥국새
– 하회河回 씨에게

태초에 말씀이 있었듯
그에게 하회가 있었다
세상 먼지가 황토를 이룰 때
그는 정좌하고 하회를 읊었다

백과 격으로 걷고 빛나는 망건
거기 동서 시문의 경윤까지
불운하게 그를 만난 뒤 나는
그 앞에 늘 기가 뒷걸음쳤다

벗어나 이방에서 노자를 읽고
니체라는 착한 미친놈도 만나고
거기 석가모니와 예수 그리스도
그리고 칼 마르크스의 견문

그리고 그들이 침식을 잊은 까닭
그들을 있게 하고 죽게 한 까닭
거기 사람을 아우른 넓은 시간들

그것은 결코 하회의 길이 아니었다

눈보라에 살아남은 산란山蘭이
봄날 하늘을 향해 향을 보내듯
하늘에 푸른 구름이 그에 답하듯
때마침 날아오르는 새인봉 수꿩

노자여 목탁이여 십자가여 오월이여
푸른 잡초의 시간이여 속의 하늘이여
무등산 쑥국새가 멀고 가까운 세계를 운다
쑥국쑥국 쑥쑥국 쑥국쑥국 쑥쑥국

구름 꽃

꿈같이
너무 흰 구름

푸른 하늘에
해가 얼었다

겨울날
너무 먼 온도

무등산 구름얼음이
작게 작게 영롱하다

시가 실눈으로 세상을 보면서
신의 말을 탐내듯

구름이 얼어서 피는 꽃이
작게 신화의 소리를 내고 있다

작은 바위

옛날 그 멀고 가까운 옛날
두메 두메 하고도 꼬두메
우리 할머니의 긴 봄날이
토방에 앉아 졸고 있다

마당에 수탉 한 마리
까닭도 없이 홰를 치고
크고 높은 소리로 울면
조는 눈이 잠깐 떴다 감긴다

골목길은 꾸불꾸불
마람 울타리는 흔들흔들
드문드문 이가 빠진 대사립 멀리 무등산
그 안 하얀 숨소리가 가파르다

다만 높고 다만 푸른 하늘
더 높고 더 멀고 가까운 옛날이
무등산 중중머리에 주저앉은
나와 같이 바로 옆에 작은 바위

백년전쟁

백년전쟁은
남의 현장이 아니었다
나에게도 간이 불나고
허파에 흙이 묻었다

3·1이든 8·15든 6·25든
4·19, 5·16이든 5·18이든
뜨겁게 있었지만 그러나
늘 나는 지는 쪽에 있었다

마음속 푸른빛은
급하게 구름으로 바뀌었다
눈치 보며 뒷걸음치는
늘 꾸부정한 신장이었다

봄날 무등산 무돌길
쑥국새 울고 진달래꽃 피어도
너무 먼 나팔 소리 만세 소리
백 년은 그렇게 늘 지는 역사이었다

다시 그 사람

오월 하늘이 구름을 벗듯
새인봉 절벽 젊음을 벗듯

원효사 스님 목탁을 벗듯
니체가 태초의 말씀을 벗듯

큰사람은 늘
소중한 것을 벗었다

없으면 하루도 살 수 없는
나도 그 사람을 다 벗어 버릴 거나

노홍老紅의 시간

아직도 더운 피 맑은 바람
구름을 푸른빛으로 물들이면서
무등산 서석을 날아가는 새

역사가 이름인 뫼의
가슴은 넓은 바다가 되어
수평선 멀리 일어서는 태양을 기다린다

가난하여도 눈물을 믿지 않았다
슬프고 괴로운 시간은 어제의 일
길고 어두운 터널 속에서 꿈을 키웠다

비바람에 No를 모르는 뜨거운 나무
호흡보다 Yes가 더 편한 일상들
그늘 속에 더욱 싱싱한 풀

그렇게 살기 때문에 내일을 믿고
그렇게 살기 때문에 사랑을 믿고

그렇게 살기 때문에 사람을 믿는다

하늘과 땅과 그사이 사람과 짐승과
더불어 자연이 주인인 사상을 같이
즈믄 가람이 맑은 바람을 구하고 있다

태풍고颱風考

태풍으로 백 년 소나무가
이웃집 지붕 위에 누웠다
그 댁 예쁜 여자가
알몸으로 화산이 되었다

나는 여자의 화산에서
나선형 백 년을 보았다
하늘이 태풍을 일으켜
알몸의 담장을 허물었다

태풍이여 천둥이여
모든 우상의 담장을 허물어다오
예수와 유다의 담장을 허물어다오
남북의 우상을 허물어다오

산행 천 번만 가지고는 아니구나
무등산과 나는 아직 알몸이 아니다

아직도 꿈

원효사 낙락장송이
굽어서 세월이듯

영산강 칠백 리
굽어서 세월이듯

남대문시장
굽어서 세월이듯

석가모니 예수 그리스도 칼 마르크스 니체
굽어서 세월이듯

할머니 이야기
굽어서 세월이듯

아직도 나의 꿈
굽어서 세월이구나

셀프 문화

내가 즐거운 말 가운데
화장실은 셀프입니다 가 있다

요양원 현관에 있는 유의사항
더러 노인당에도 걸려 있다

섹스는 셀프입니다 같이
노인에게 셀프는 건강한 문화다

나도 익힌 셀프 가운데
여든의 맨발 그리고 산행

혼자 가는 무등산
죽음에 이를 나의 병도 셀프이다

두견새

화순 안양산에서
장불재에 이르는 긴 산행

장불재에서 다시
서석대 석양에 서면

보이는 것은 두견새 울음
들리는 것은 진달래꽃

있는 까닭이 우는 까닭인 무등산
나를 멈추게 하고 걷게 한다

봄날 진하다 큰 산 깊은 속
피나게 피고 피나게 우는 인생의 까닭이여

무당촌

증심 다리에서 바람재로 가는 한 중간
계곡을 따라 가다가 토끼등을 향하는 길
옛날 여기 무등산 무당촌이 있었다

거긴 천 년 무등산을 하늘로 모시는 마을
춘하추동 동서남북의 조석을 가리지 않고
사람과 산과 하늘이 하나인 마을이었다

무당촌 마지막 무당은 젊은 박흥숙이었다
광주교도소에서 교수형을 당한 사람이다
그 사연을 말하기엔 마음이 너무 아프다

무등산에 재도 많고 영웅도 많고 절도 많지만
무당촌에 박흥숙이 살다 간 사실을 알리는
유허비가 나의 마음속에 가장 우뚝 서 있다

사라져 버린 것을 위하여

한밤 너무 큰 천둥소리에 눈을 떴다
나의 깊은 밤 근래 흔한 일이다

천둥을 산길에서 늘 만나다 보니
밤에 만나도 같이 자는 사람 같다

무등산 유월 밤에는 춤추는 하늘
지금 붉은 구름이 신들린 것

이런가 하면 저러고 그리고 아니고
나의 역사 세계관은 누워도 발을 전다

천둥이 아니면 산행이 실패한 산행이듯
천둥 말고 세상을 무엇으로 설명할 거나

무등산 무당촌으로 가는 무돌길 천둥
사라져 버린 것을 위하여 천둥이 울고 있다

무등산 장마

무등산은 사람보다 장마를 더 좋아한다
덕산계곡을 오르다 보면 그것을 안다

거긴 언제나 힘든 고개 오르면 바람재
그리고 바람이 되어 다시 내려오는 길

처음에는 부끄러운 듯 나뭇잎에도 비껴서고
장난같이 몇 번 동그라미를 그린가하면

아슬아슬 바위를 돌고 달음박질로
쏜살같이 흩어져 달아나기도 하고

그러다가 마음먹고 주류에 합류하면
마침내 소리와 같이 물은 춤을 춘다

승무도 아니고 백조의 호수도 아닌
기기묘묘하게 멋있고 신나는 동작

춤은 배포장 같은 폭포가 되어
하늘을 나는 짐승 같은 소리를 낸다

장마가 들면 나도 미친 산이고 물같이
하루에도 몇 번씩 덕산계곡에 가 있다

무등산에서 흐르고 춤추고 노래 부르고
자연이 다 된 나에게 시와 시간은 무의미하다

땀

한겨울에 땀은 귀족같이
거만하고 위선적이고

이마에서 눈에서
가슴에서 바짓가랑이 사이로

처음에는 가뭄에 마지못한
가랑비같이

그리고 승속 사이의
경계를 지나

숨 가쁜 역사이다가
선사시대로 거슬러

철기시대 청동기시대
석기시대로

마침내 원시같이
소리 지르는 짐승같이

무등산 서석대
돌기둥같이 너덜겅같이

마신 물에 비하면
까닭이 없는데

어디에서 이렇게 쏟아지는지
나의 귀족은 타고 났다

한겨울 땀의 까닭으로
비로소 나는 무등산이구나

Ⅲ. 큰 눈 내린 날

무등을 바라보며

무등을 바라보며
꿈과 하늘을 꽃처럼 피운
정말로 큰사람을 바라보며
서석에서 강기슭까지
오로지 푸른빛으로 흐르는 이름을 생각하며

무등을 바라보며
꼭두머리도 발끝도
불로 타는 사람을 바라보며
화살처럼 세월과 몸을 날려
언제나 봄으로 바람으로 있는 사람을 생각하며

무등을 바라보며
뭉게구름처럼 피어오르는
키 크고 가슴이 넓은 사람을 사랑하며
눈이 내릴 때 비가 올 때 할 것 없이
가슴 벅차게 울리는 북소리를 그리워하며

무등을 바라보며
맑게 영원히 흐르는 물이듯
은은히 멀리 번지는 밤의 메아리이듯
오 내 사람 내 사랑이여
들이여 풀잎이여 새의 노래여

무등을 바라보며
흙을 햇빛과 섞는 비교秘敎의
신들린 듯 외치는 주문을 들노니
'가난하지만
우리는 하늘이고 땅이 아니냐'

무등산 제題 절구絶句 선

1. 장작불
무등산 스님 장작불 앞에 동짓달 눈보라 춘삼월 꽃보라

2. 석양
산 자색 석양 햇빛 산새 산토끼 빨간 모자

3. 너릿재
화순 너릿재 큰 고개 지름길 광주장 목 받고 서 있는 소도둑

4. 산 십 리(山 十 里)
산 십 리 단숨에 싶은데 한나절 가도 또 십 리길

무등산

환호하는 어린이를 위하여 미소로 답하는 거인같이 도시에서 바라보는 무등산은 춘하추동 한결같이 그렇게 있다 백두대간을 따라 울리는 북소리 북소리 울릴 적마다 나르는 비백飛白의 하늘에 푸른 구름 오 우리들의 꿈이여 사랑이여 무등에 올라 눈 아래 평야를 굽어보면 멀리 가까이 꽃처럼 피어 있는 도시 도시를 가로지르는 솔개의 이랑 같은 냇물 냇물을 따라가는 거리에 가득한 빠른 발걸음 우리는 안다 광주여 세계여 둘이 아닌 하나의 이름이여 나무 한 그루 풀잎 하나 그리고 새소리에 묻은 물의 숨소리 하나하나가 우리의 생각이오 자국이고 우리의 목숨인 산 아침에 도시의 유리창에 부딪치는 햇살에 앞서 무등은 이미 사랑하는 둥지 속에 해보다 더 크고 둥글고 더 덥게 있다

야간 산행

사흘을 두고 눈이 내렸으니 산길은 조심스러울 수밖에
터덕거리며 짐작 잠작
오른쪽으로 너덜겅을 건너가면 이내 이르는 바람재

자장은 아직 멀었으리라
비록 달빛이 밝다 하더라도 시간은 알 수 없고
알아야 할 까닭이 없고말고

여기까지는 아직 잘 아는 길
봉왕대 석간수로 할 거나 목이 마른 것은 아니지만
한 번도 지나친 적이 없었으니 한 모금 적시고 갈 거나

한밤에 산길을 걷는 것은 산새가 울지 않아서 좋다
눈 속에 부엉이가 무슨 산새냐
다만 달빛이 금속의 목청으로 소리 낼까 귀가 선다

어디까지 가야겠다는 목표가 있는 것도 아니니
서두를 것도 없지만

며칠을 먹을 짐도 아니니 쉬어 갈 것도 없고

가자 어디론가 이렇게 가자
산의 숨결도 눈의 푸른빛
달빛마저도 미치지 않은 한겨울 깊은 밤으로 밤으로 가자

무등산 규봉無等山 圭峰

암자가 진달래꽃 숲 사이에 있다
장수 꿩 춘정을 아끼고 있는 정오
일흔을 넘긴 지긋한 피곤이 봄같이 달다

일어나 강같이 흐르는 바위에 서니
무등산도 금강산 일만이천 봉
암벽이 대륙같이 소리 높이 침묵하고 있다

스무 개의 백 년들이 쏟아질 듯하구나
부활하는 성자들같이
이 자연 속에 인간으로 있음이 작지 않다

큰 눈 내리는 날 작정 없이 온 적도 있다
무등산 규봉에서는 계절은 의미가 없다
춘하추동이 다만 암벽이구나

새인봉

흰 구름도 푸른 하늘도 여기
긴 가난도 슬픔도 여기 있으면
어머니같이 흙 묻은 가슴이구나

무등산 새인봉에선
산새도 바위도 조선말로만 논다
전라도 사투리같이 모음 자음이 따로 없다

북으로 남으로 나의 행장은 바람 든 날개같이
꽃피다 말고 내리는 우박같이
늘 갈린 소리가 났었다

돌아와 여기 춘하추동에 서면
오랜 미움도 아픔도 다 그리움
아프리카도 히말라야도 모두 다 같이 있구나

난실蘭室

무등산 중봉 오후 하늘이 비스듬하다. 옛날 할머니가 거처한 방 생각이 났다. 할머니 가 버린 다음 어느 날 방 가득한 난도 모두 가 버렸다. 난은 슬플 때 꽃으로 운다. 할머니 말이었다. 옛날 할머니의 난실은 언제나 꽃이 있었다.

큰 눈 내린 날

산도 욕심인데 큰 눈 내린 날 너무 멀리 왔구나. 겨울 바위의 저기 미리 알고 붉은 부리의 산새가 무엇인가 우기고 있다. 그래 그렇지 그렇고말고 산이 가까운 나이 이 미친 설날에 같이 갈 네가 있구나.

무등산에서 미친 것은 나뿐만이 아니다

무등산에서 미친 것은 나뿐만이 아니다
방향이 없이 쏟아지는 비가 미쳤다
알게 구멍이 난 하늘이 미쳤다
화살같이 쏟아지는 물이 미쳤다

무등산에서 미친 것은 나뿐만이 아니다
소리치며 불어대는 바람이 미쳤다
소리치며 부러지는 나무가 미쳤다
지진 같은 바위의 울음소리가 미쳤다

무등산에서 미친 것은 나뿐만이 아니다
절벽에 부딪치는 구름이 미쳤다
구름 위에 서 있는 어지러움이 미쳤다
심호흡 사이로 짙은 산 냄새가 미쳤다

무등산에서 미친 것은 죽음보다 신 난다
무등산에서 혼자 죽는 것은 무의미하다
미친 비 미친 바람 미친 나무 바위 구름
미친 무등산을 두고 나만 죽으면 너무 무의미하다

무등산 선유船遊

봄이 일어서는
무등산은 산이 아니라 강
구름이 높은 하늘 푸름이 흐른다

우리들도 물 흐르듯
산머리에 이르면 정오
미리와 기다리는 해의 품이 한 아름

장불재 다음 이내 중봉
내려오는 길도 강물
나무의 파도에 오후가 흐른다

새인봉에 서면 쉬는 해
증심사 범종이 장강을 그리워하듯
붉은 석양이 내일을 흐른다

바람재

무등산 덕산계곡 내내 겨운 산길
한여름 흐르지 않은 물을 그리며 걸었다

마침내 바람재 맑은 바람 맑은 까닭
지팡이가 먼저 알아보고 누워 버린다

저만큼 노란 날개 붉은 부리의 산새가
서로 추상으로 말해도 다 알아듣겠다

도시도 민주주의도 동상도 얼마나 다 헛소리냐
바람재에 서면 그렇게 말해도 죄가 아니다

신록

이것은 스무 살 적 힘
하고 생각하니 오월

정오 안에 1,100고지
아직도 지하로 흐르는 안간 붉음

무등산 서석대
바위까지도 신록

산록이 서북쪽으로 멀리 히말라야
그리고 더 멀리 푸른 아프리카에 닿는다

무등산 서석대
– 정규철에게

무등산 서석대 정상에 이르면
모난 바위에 앉아도 꽃방석이구나

무지개 붉은 힘으로 쉬는 호흡
원시같이 흐르는 땀이 푸르다

높은 하늘이 흐르는 구름과 같이 있고
사방으로 둘러선 산들이 다 하나이구나

시간을 다스리는 숫자들이 증발하더니
세상이 따라다니다 말고 돌아가 버렸다

순수하구나
미치고 싶은 마음

밤을 새며 바로 서고자 한 나를 한사코 가로막은
역사도 세계도 그 사람들도 미워할 수가 없구나

시집 『나는 디오니소스의 거시기다』 서시

진달래꽃이 새인봉 절벽을 놀듯
산새 소리가 약사암 목탁을 놀듯
광화문 촛불이 단군 할아버지를 놀듯
디오니소스의 거시기가 나의 광기를 놀고 있다

시를 쓰면 폭풍이 불 줄 알았다
- 김규성에게

시인이 한 편의 시를 쓰면 폭풍이 불 줄 알았다
시인이 한 편의 시를 쓰면 벼락이 칠 줄 알았다
시인이 한 편의 시를 쓰면 하늘이 울 줄 알았다
지심이 갈리고 태평양이 일어설 줄 알았다

나도 한 편의 시를 쓰고 죽는 줄 알았다
폭풍 속에서 벼락 속에서 우는 하늘 아래서
나도 시를 쓰고 정말로 죽는 줄 알았다
지심이 갈리는 지진 속에서 죽는 줄 알았다

너무 조용하구나 이것은 비극이다
내가 시를 썼는데 너무 조용하다니 이것은 비극이다
폭풍도 벼락도 우는 하늘도 지진도 없구나
하늘에 구름도 우는 참새도 하염없구나

한 편의 시를 쓰고 난 후
나는 내가 죽든지 세상이 죽든지 거시기가 죽든지
폭풍을 벼락을 우는 하늘을 갈리는 지심을 가다렸지만
계림동 거리 새인봉 절벽 약사암 목탁은 미동도 없구나

적벽동천 赤壁洞天

명월이 있고 청풍이 있고 금사어화金沙漁火가 있던 적벽 동천
겨울 설경 속 낙조가 늘 새벽종과 폭포를 기억하는 옛날
학을 부르면 학이 오고 구름을 부르면 구름이 돌아왔었다

무등산 모후산 가까이 동으로 옹성산 그리고 멀리 백아산
백두대간의 남악 나라가 천둥과 합류한 물 섬진강 웃머리
반공半空 높이 수리數里를 천척단애의 적벽이 있었다

하늘이 열린 이래 일월과 푸른 구름이 지킨 사람과 자연은
지금 춘추에 가려 다만 망향의 탑으로 나그네로 서서
낙조 다음의 시간을 향하여 뜻하는 자색을 그리고 있다

김립의 가난과 시와 세월이 하늘을 뜻으로 아직 남아 있고
여기 산천은 어제를 넘어 오늘로 내일로 역사처럼 흘러가지만
적벽팔경은 꿈같이 눈을 감으면 마음속에 더욱 크게 있구나

오월 하늘의 순간

노란 지붕 위에
홰를 치는 잡종 수탉을 그리듯

새인봉 뻐꾸기가 순수한 먼 훗날
미리 그리움을 울고 있다

새삼 혼자이구나 하니
그때 머리 위로 하얀 비행운

오래 오래
없는 듯 있는 푸른 하늘을 간다

산새

눈이 깊은 무등산 서석대
구름에 닿는 큰 바위
자세히 보니 작게 열린 창
창 안에 나를 보는 눈
그때 가까이 빨간 산새가
하늘을 닮은 소리로 울며 날아간다

산하山下의 마을

규봉암 동으로 억새밭 내려오다 스스로 발이 멎는
담양 고서 땅 산자락 따라 작은 대밭 마을의 가을
하늘이 전설같이 내려와 울타리 고샅까지도 석양

초가보다 더 오랜 옛날 같은 갓이 헌 슬레이트 지붕들
늙은 농부 내외 머리에 붉은 띠 두른 데모에 나가고
좁은 외양간 암소가 남아 저음으로 주인을 기다린다

서울에 간 자식 모지게 구로 어디 사는 줄 다 아는데
명절이면 와서 곧 강남에 아파트 사서 부모님 모신다고
손자 놈 시켜 하는 거짓말 믿는 노인들

간간 저 건너 고속도로 큰 차 마구 달리는 소리 끝자락에
하늘이 마을이고 가을이고 석양같이 흐르는 삼대를
사는 감나무 끝 너무 높고 너무 붉게 있는 까치밥이여

새인봉 노래

새인봉을 만날 때까지
나는 바람이었다 구름이었다
그리움이었다
여기서 비로소 태어났다

여기서 나는 바위 위에
사투리로 말하는 산새가 되었다
산새는 새인봉 둘이면서 열 봉우리
노래가 멀리 긴 길 푸른 들에 닿는다

서울을 바다를 대륙을 욕심으로
내가 이방에서 눈이 사나울 때
새인봉은 늘 타고난 전라도
나에게 어머니를 일으켰다

돌아와 여기 서면 동으로 아침 해
그리고 지리산으로 동해로 백두산으로
서로는 다도해 제주 황해에 지는 해
아 여기 서면 비로소 가난도 푸른 하늘이구나

너덜겅

천하가 화산이었을 때
불기둥이 하늘에 닿았을 때
그때 무등산은 태어났다

불은 천사같이 땅에 내려와
너덜겅이 되면서
같이 초목과 짐승과 사람을 일으켰다

태고를 기억하는 가믈현玄 누루황黃
시간으로 말하는 다른 언어는
힘차고 다운 가슴의 푸름

여기 서면 누구나 만년을 얻는다
타오르는 화산을 얻는다
무등을 얻는다

사월이여 안녕

카오스의 피는 너무 푸르다
천둥소리 정글을 직각으로
큰비 왔다 개이고
새인봉 절벽에 서면 너무 푸르다

사월이여 안녕
진달래꽃이여 안녕
너희는 대륙이었다

그리고 푸른 천둥이여
오늘은 다만 가파른 숨결
세계는 시간은 인생은
지금 여기서 뛰어내리면
위대한 공백으로 가는 날갯짓 일거나

하늘은 너무 높아서 적막하고
사월은 너무 붉어서 적막하노니
원적의 여기 새인봉 절벽을 날개로
위대한 4월을 뛰어내려 버릴 거나

Ⅳ. 무등산이 불이었을 때

형이상학적 분노
– 김성곤에게

무등산 규봉 절벽에 열린 고드름에게
아니게 푸른 하늘을 향해 물었다
나무아미타불에게 그것을 묻듯
아프리카 검은빛에게 그것을 묻듯

붉게 소리하는 산새에게 물었다
암자 꼬리가 엷은 목탁에게 물었다
분노하고 광란하여야 할 까닭이
다만 봄이고 가을인 까닭이 무엇인가

봄에 진달래꽃 겨울에 고드름 꽃이
늘 가도 규봉 가파른 곡예는 아름답다
예수 그리스도 십자가가 그렇듯
한반도 우리의 고단한 역사가 그렇듯

높고 푸른 하늘의 까닭이 분노이듯
밤에 은하수 별의 까닭이 광란이듯
사람의 까닭이 꽃의 까닭 짐승의 까닭이듯
겨울 무등산 규봉 절벽에게 분노가 있었다

천왕봉 세한도
– 서명원에게

천왕봉 정상에 이르면
백두산이 보인다고 생각했다
낮에도 별을 수없이 줍는다고 생각했다

나란히 서 있는 비로봉 반야봉
무릎 연골이 다 닳은
나의 시 나의 고산고수苦山苦水

오늘이 어제이고 내일인
나의 여름이 너무 바람이 아니구나
아침에 보고 저녁에 보고 꿈에도 보는 산

그러나 와 보니 여기 차가운 금속성
별도 내리지 않고 백두산도 안 보이고
다만 간절한 마음만 푸른빛으로 운다

야생

너는 평생 취해야 할 것
뱃속에서 이미 취했으니

백 번도 넘게 들은 어머니의
그 말이 평생 나를 지배했다

이 말은 너덜겅으로 때로 땀방울로
때로 불로 때로 바람으로 긴 가람으로

춘하추동 향이 없이 이는 야생으로
무등산으로 어머니로 내 안에 있다

새인봉 광사狂士

새인봉 오르는 길에 진달래꽃을 만나
새인봉에 물소리가 나는가 물었더니

이 가뭄에 바위산에 웬 물소리
꽃은 자기만 아는 목소리로
비가 올라나 하면서 하늘을 쳐다보았다

진달래꽃을 따라 산 넘어 하늘을 쳐다보다가
갑자기 나도 꿩처럼 소리치고 싶어졌다

그리하여 산이 울리는 큰 소리로
그렇다 이년아 왜 아니냐
나는 새인봉에 미친놈이다

다시 새인봉 광사

절벽을 뛰어내리려 하니 너무 푸르다
정오의 광기는 추상이구나
태초의 달음박질이어야 한다
다만 파안대소이어야 한다

고독이 그리스이고 로마이듯
순간이 유성처럼 광년이어야 한다
하늘이 아니고 땅이고 허무이듯
순수한 광기이어야 한다

나는 별이 흘리는 피를 보았다
나는 별이 우는 까닭도 안다
그렇게 사월을 배우고
나는 백지를 하늘에 그렸다

4월이여 안녕
안녕은 위대하게 미쳤다
미친 너의 추상에 들기 위하여
여기 새인봉 절벽을 뛰어내리려 한다

출가

산토끼도 산새도
물소리에 비친 별들도
새인봉 절벽 진달래꽃
약사 계곡 종소리의 인연도

잠이 든 지 오래련만
멀리 개가 짖고 있다
마음속에서 오래오래
버리지 못하고 개가 짖고 있다

다시 바람재

땀으로 오른 산바람이
푸른 하늘이구나

맑은 물 가람같이
흐르는 사랑이구나

목이 붉은 산새들의
시시나는 사투리

바위에 앉아 있는
시원한 햇빛이구나

허허

큰 눈 내리고 새인봉
허허 그거 참

눈 속에 숨어 없는 듯 있는 약사암
허허 그거 참

붉은 소리만 있고
안 보인 시내의 푸른 하늘

허허 그거 참

무등산 송
- 석성碩星에게

우리가 무등산이 좋은 것은
눈을 감아도 그 동서남북
서서 바라보는 자리가 화순이듯 담양이듯
광주 어디 서서 보아도 크고 넉넉함이며

우리가 무등산이 좋은 것은
춘하추동 계절 없이 넘어선
언제나 붉은빛이 푸른빛이고
옛날이나 지금이나 다만 자색의 꿈

우리가 무등산이 좋은 것은
알맞게 높고 알맞게 가난하고
그 안에 수많은 장단과 고저
역사가 바위가 되고 흙이 된 긴 이야기

평생 한 번만이라도 원노니
낮에도 별들이 내려와 노는

너덜겅같이 밤에도 태양이 뜨는
침묵이 바로 함성인 큰사람같이

큰비 내린 날의 산행

큰비 내린 산에서 길을 잃은 시각에
강이 되어 버린 물속에 그대로 섰다
화살처럼 날아다니는 번개도 가깝다

쏟아지는 큰비 속에 어둠이 들면서
나무뿌리가 거꾸로 서는 것이 보인다
벼락을 미리 알고 우는 바위도 있다

생을 어떻게 마감할까 생각한 적이 있다
생을 마감하는 데 이보다 더 좋은 기회이랴
그런데 아닌 속마음이 거기 있었다

산 말고 거리에서 들에서 마치고 싶구나
바람 번개 벼락 말고 사람 옆에 있고 싶다
아니게 죽더라도 사람 앞에서 죽고 싶다

산 산유山 山有

평생 무등산을 그 이름으로 높이 허공을 외쳤지만
그러나 배고픈 다리 뒤로 걸어도 너무 아름다운 이름
새인봉에 쉬면서 그리고 새삼스럽게 새인봉이구나
가을이 깊은 탓이랴 한사코 이름을 소리 내고 싶었다

우로 용추폭포를 높이 좌로 증심계곡도 같이 외쳤다
하늘 우러른 탓이랴 고개가 겨운 중머리재 억새들
나도 겨운 장불재 이르러 너무 먼 당신을 보았다

규봉에 쓰러져 보는 푸른 허공이 닿듯 가까이 있다
지공 너덜겅 바위 위에 쏟아져 버린 나의 돌멩이들
그리고 원효계곡으로 내려오면서 비틀거리는 생애
실낱같은 명줄이 종소리같이 끊기지 않고 따라왔다

바위여 불로 돌아가라

넓은 동해 바다에 하얀 돛배와 먼 수평선
여름에도 겨울에도 봄같이 예쁜 갈매기들
불지 않은 폭풍우 물구나무서지 않은 물
그를 아름답다고 말하는 너는 너무 착하구나

히말라야 K2 봉을 오르다가 조난한 사람 때문에
며칠이고 마음 아파하는 고운 마음을 너는 가졌다
가을 하늘 흐르는 구름을 우러러 예쁜 노래 부르며
향하여 다가서며 미소 짓는 네가 왠지 너무 멀구나

너무 조용한 대륙 더 조용한 역사 그래서 더욱
아닌 세상에 지진도 없으면 무슨 놀이가 있느냐
백두산 한라산 지리산 모든 사화산은 다 일어나라
무등산의 너덜겅이여 바위여 모두 다 불로 돌아가라

가을이 가을인 것은

가을이 가을인 것은
1,100고지 산 위에 내가 혼자 서 있는 까닭만 가지고는 아니구나

억새마을의 중봉 그 고샅을 지나온 까닭만 가지고는
단풍 사이로 멀리 네가 보이는 까닭만 가지고는 아니구나

지금 북국에 하얀 새끼 곰이 굶고 있는 까닭만 가지고는
푸른 남태평양 조용히 가라앉는 섬들의 까닭만 가지고는

19세기 심포니 오케스트라도 20세기 광기의 초현실주의도 가 버리면
더운 모래의 나라 폭탄을 품고 달리는 소년의 꿈은 누가 기억할 거나

새인봉 설경
- 마재숙에게

큰 눈 내리고
벼랑에 선 노송 긴긴 세월이
흰빛을 같이 회상에 잠길 때

빨간 깃 노란 부리의 산새가
절벽을 향하여
생의 사상 같은 동작을 하고 있다

푸른 기억만을 가지고
너무 멀리 먼 길을
아 헤매는 추상이여

하늘은 없는 듯 맑고
구름 흐르는 일이 혼자이구나
기러기 벗어난 울음 그 허공을 간다

무등산이 시인에게

무등산이 시인에게 할 말이 있다면
품이 넉넉한 무등산이 시인에게 할 말이 있다면

영산강이 시인에게 할 말이 있다면
숨이 긴 영산강이 시인에게 할 말이 있다면

시인도 무등산에게
천 번을 올랐는데 답이 없는 무등산에게 할 말이 있다

시인도 영산강에게
가난 말고 답이 없는 영산강에게 할 말이 있다

무등산이 불이었을 때

무등산이 불이었을 때
무등산은 시인이었다

너덜겅이 불로 살아 있을 때
절벽과 돌기둥과 봉우리는 시인이었다

숨결이 하늘에 닿았을 때
먼 바다에 대륙을 일으키고

무등산이 화산이었을 때
그때 무등산은 시인이었다

큰 틀의 침묵이듯 지금은
다만 푸르게 오월이지만

가슴 깊은 곳에 숨은 불같이
어느 날 다시 불나기 시작하면

그때 다시 너덜겅이 다시 불로 돌아가면
봉우리가 절벽이 골이 불로 돌아가면

분노한 화산이여 다시 불로 일어서라
광기의 무등산이여 다만 시로 있어라

다시 무등산

예쁜 해 뜨는 아침이다가
낮에는 푸른 하늘
밤에는 긴 동화같이

향하여 서 있으면
어머니같이 흙 묻은 젖
그리움같이 백 년이 흐른다

가난하고 외로울 때
슬프고 괴로운 때 더 크게 있었다
당신 앞에 작아서 나는 행복하였다

태고 적 산이 시작할 때
화산이 서서 춤춘 이후로
거기서 나서 거기서 자란 우리들

빛을 같이 꿈을 같이 내일을 같이
불을 다독이고 달래면서 무등산은
밤하늘에 별을 만들어 가고 있다

범종

눈 내리기 전 푸른 하늘로 산새는 구름이었다
내려와 나뭇가지에 앉지 않았다
원효사 범종은 바위같이 울지 않았다
이윽고 눈이 내리고 눈보라에 산새가 죽었다
산새가 죽자 범종은 길게 오래 울었다
종은 오로지 죽은 자를 위하여 운다
그래서 산새는 종을 위하여 죽었나 보다

의로움은 햇빛같이

의로움은 햇빛같이
새인봉 절벽 위에서 바람이 되고

의로움은 햇빛같이
영산강 물결 위에서 노래가 된다

봄날 진달래꽃 가을날 국화꽃을
바람이 피우듯 노래가 피우듯

의로움은 햇빛같이
나의 깊은 안에서 그리움으로 피고 있다

3,000번

내가 무등산하면 무등산은 지리산하고
내가 지리산하면 지리산은 백두산한다
내가 영산강하면 영산강은 다도해하고
내가 다도해하면 다도해는 태평양하고 달아난다
세상이 왜 그렇게 달아나는지 생각하면 화가 난다
화를 내면서 세상은 헛것 헛것이다 하고 3,000번
그러자 그때 무등산 영산강이 세상같이 거기 있었다

다만 헛소리가 명약이구나

나도 물방울 하나 먼지 한 톨 앞에선
나도 한 포기 풀 앞에선
입추 지나고 풀섶에 우는 벌레 앞에선
새인봉 절벽 앞에선 나도 우울하다

겨울에 철 아닌 천둥벼락이 우울하듯
아우슈비츠와 바그다드와
워싱턴 디씨와 서울이 우울하듯
여름에 난데없는 눈보라가 우울하듯

춘하추동은 헛소리다
푸른 하늘도 별도 다 헛소리다
꽃도 사람도 세상도 다 헛소리다
그렇게 생각하니 비로소 우울이 잡혔다

헛소리는 명약이구나
피는 꽃에 나비가 명약이듯
푸른 하늘에 흰 구름이 명약이듯
천상천하에 다만 헛소리가 명약이구나

파안대소의 여진

실개천 잠자리 원색 두 눈이 어느 높은 이름보다 더 푸르다
산 같은 책보다 야생소나무 숲 가지에 산새와 바람 소리들
도시의 거리 골목에 맨발 벗은 사람들 때로 벌거벗은 아이들
무등산 규봉 가을이 깊은 억새 사이에 누워 그렇게 생각했다

산인지 강인지 그것이 역사인지 하늘인지 아니면 사람인지
북을 말하는 것인지 남을 말하는 것인지 알 수 없는 사람들
입안에는 늘 돌인지 흙인지 사투리인지 욕설인지 가득하고
익힌 것보다 날것 생으로 먹고 이빨이 붉은 사람들

희면 희고 검으면 검은 단순하고 말이 솔직하면 속마음을 주고
말이 복잡하면 바보같이 머리가 전혀 안 돌고 못 견디는 사람들
숙명적인 큰 짐을 지고 잔등을 넘고 그리고 힘이 남는 사람들
주먹에 심장이 눈 속에 등에 심장 맨발에 심장이 있는 사람들

오 내일이 내일이고 내일이면서 내일이고 하늘이고 사상인 당신
당신 들 속에서 같이 내가 자식 낳고 비비고 살면서 떠나지 않고
여기 이렇게 있다가 이제 가을날 같이 갈 날을 가고 있는 생애여
걸어 보지 못한 길 파안대소로 이제 그 야생을 마감하고자 한다

무등산 운해

그것은 가슴이 설레는 운이어야 한다
그 운 가지고는 안 될 때도 많다
그래서 삼천배 이야기가 나온다

일 년에 한 번이나 아니면 두 번
신비가 아니고 달리 말 할 수 없는
신들린 사람에게만 겨우 허락한다

어둠 속 새벽길 여름 같으면 아침 여섯 시
겨울 같으면 더 깊은 여덟 시 가까운 시각
서석대에 올라 가슴을 벌리면 동서남북

동쪽에 밝은 기운이 붉은빛을 띠고
머리 위 하늘 푸른빛이 기로 바뀌면
미친 눈빛이 스스로 멀리 타는 산줄기

무슨 조화로 저리 한결같은 선으로
망망대해 사방으로 바다 수평선같이

꿈 말고 어떤 재주가 감히 저 장관을

지리산 노고단 운해에 서 본 적이 있다
그리고 무등산 운해를 보고 다시 생각한다
광주고 서울이고 도시는 장난감에 불과하다

|해설|

백수광사白鬚狂士의 산행

김형중(문학평론가·조선대 국문과 교수)

1. 그 밤의 춤

생각해 보니 1988년 봄, 참 오래전 일이다. 내 기억이 맞다면 그때 선생은 학과장(혹은 그와 유사한 어떤 보직교수)이었고, 나는 학과 학생회장이었다. 겪어 보니 시절이 좋아진(?) 지금은 학과 학생회장이란 게 학과 행사를 주도적으로 치르는 학생 대표 정도의 평범한 의미를 갖는 듯하다. 하지만 그때는 좀 달랐다. 앞뒤로 6월 항쟁이 있었고, 노동자 대투쟁이 있었고, 전교조가 생겨나던 즈음이었다. 도시 곳곳에 최루탄 내음이 진동했다. 그리고 내가 속해 있던 학생운동 조직에서는 (지금 생각하면 피식 웃음이 나지만) 소위 '대중화 노선'에 따라 비공개 언더 조직이 커밍아웃하면서(실제로는 아니었다) 학생회 공개 조직이 일종의 투쟁 조직으로 재구성되던 시기였다. 그런 판국에 천성에 반하는 게 분명한 그 일을 덥석 맡겠다고 나선 나는 많이 무모했고, 그만큼 겁먹었고, 그럴수록 오만하고 반항적으로 보이려고 표정과 행동을 과장했다.

그즈음에 선생이 나와의 한 끼 식사 자리를 청했다. 당시 단과대 학생회장이었던(이 말은 그가 나보다 아주 더 많이 거칠고 정의롭고, 따라서 안하무인인데다, 학업과는 무관한 '투사'였다는 말이기도 하다) 선배 J와 학과 부학생회장이었던 후배 P와 함께였다. 난감했다. 우선은 내가 낯을 많이 가리는 데다, 특히 어려운 어른들과 마주 앉기를 병적으로 꺼려했기 때문이다(지금도 마찬가지다, 그래서 나는 여전히 선생을 사석에서 뵙지 못한다). 게다가 당시 같은 시국에 만약 학과장 직함을 가진 교수가 학생회 간부들을 불러 식사 자리를 마련했다면 거기엔 분명 어떤 의도가 있을 것임에 분명하기 때문이기도 했다. 그러나 말을 전해 들은 J형은 평소의 배포 그대로 '비싼 밥 한 끼 먹고 오는 거지 짜샤'라며 껄껄 웃어 제끼는 걸로 대답을 대신했고, 좁쌀만한 간담을 어찌어찌 숨기고 사는 것이 당시 매일의 일과였던 나는 그를 흉내 내는 것 외에 다른 도리가 없었다. 자주 들어가지도 않았던 강의실(선생은 20세기 영미시를 가르쳤던 걸로 기억한다)에서 외에, 내가 선생을 사적인 자리에서 대면한 것은 그때가 처음이었다.

화려하지 않았지만 오래된 집 특유의 안정감이 느껴지던 시내의 자그마한 한정식집 이층 방이었다. 좋은 음식을 먹고 자라지 못했으므로, 각양각색의 찬들이 소량으로 많이 차려진 한정식은 동료들과 구워 먹던 대패 삼겹살 맛만 못했고, 난생 처음 먹어 본

생선회는 너무 비려서 선생의 권유에도 불구하고 젓가락질 두어 번으로 예의만 차렸다. 반면 J형은 스스럼이 없었고 불손했는데, 그래서 함부로 말하고 함부로 먹었다. P는 웃다 먹다 할 뿐 말이 없었고(그는 평소에도 지나치게 말이 많다가 또 지나치게 말이 없었다), 나는 어서 이 자리가 끝나 내키는 대로 말하고 내키는 대로 행동해도 좋은 캠퍼스로 돌아가고 싶어 안달이 날 지경이었다. 돌이켜 보면 선생도 그랬으리라.

이제 내가 대학 선생이 되어 겪어 보았으니 알고도 남는다. 그 새파란 젊은 (실은 젊음이 무엇인지조차 모르는) 것들이 뱉는 엄중한 시국에 대한 단언적 이야기며, 딴에는 완장 하나씩 찼다고 시도 때도 없이 놓는 어깃장이며, 무지에서 비롯된 어설픈 용맹담 따위를 들으며 밥을 먹는 것은 쉬운 일이 아니다. 그러나 선생은 내색하지 않았다. 아니 내색할 것이 없는 것처럼 보였다. 마치 오래 못 봐온 친구들 대하듯, 우리에게 안부를 묻고, 사연을 묻고, 일상을 묻고, 그리고는 자신이 살아온 내력과 문학과 시에 대해 따뜻하고 담담하게 말할 뿐이었다. 그게 다였다. 그때까지도 내게는 문학도라 할 만한 자부심도 머리에 든 지식도 없었으니, 그가 말하는 '기계와 백지의 시학'이니 '이방에서 읽은 노자'니 '오든'이니 하는 낯선 어휘들 앞에서 어리둥절하기는 했을지언정, 끝내 단호하고 투쟁적인 학생회장으로서의 면모를 보일 기회를 누리지는 못했다. 이 이상한 학과장 교수는 우리를 교화해야 할 불온한 학생으로 대할 의사가 처음부터 없었던 것이다.

너무 오래된 일이라 그날 그가 우리에게 했던 말이며 지었던 표정이며 했던 행동의 대부분은 기억하지 못한다. 그러나 25년이 지난 지금도 뚜렷이 기억하는 장면이 하나 있다. 취기가 알맞게 무르익은 뒤였지 싶다. 선생 자신이 살아온 내력을 말하던 끝에, 이런 말을 덧붙였다. 그대로 옮겨 적지는 못하지만, 내용은 이랬다. "유치원 선생 빼고 선생이란 선생은 다 해 봤으니, 정년 후에는 빨간 모자 쓰고 아이들이랑 이렇게 놀아보는 게 내 꿈이라네." 그 말이 과장이나 허사가 아니란 사실은 곧바로 증명되었다. 왜냐하면 선생이 이어서 한 행동은 자리에서 일어나 아이처럼, 정말로 아이처럼, 춤을, 무슨 블루스도 탱고도 지루박도 아닌 기이하게 천진난만한 이상한 춤을, 덩실덩실, 정말로 덩실덩실 추는 것이었기 때문이다. 만약 그때 내가 『그리스인 조르바』를 읽었다면 나는 금세 그 춤이 조르바가 추었음직한 바로 그 춤이라는 걸 알아봤을 것이다.

그러나 나는 그러지 못했고, 꽤 훗날에서야 그 밤 선생이 보여준 그 춤사위에 가장 적합해 보이는 어떤 인상 하나를 떠올릴 수 있었는데, 「공무도하가」의 그 유명한 '백수광사白鬚狂士 또는 백수광부白鬚狂夫' 형상이 그것이다. 국문과로 전공을 바꿔 대학원에 진학한 후였고, 프로이트를 읽으면서 문학이 어쩌면 일종의 광기 직전은 아니겠는가(프로이트가 말한 '승화'가 그것이다)의심하기 시작하던 때의 일이다. 하얀 수염을 휘날리며 슬프지도 비장하지도 않게 마치 무엇에 홀린 듯 절규하는 연인을 뒤로 한 채 물에 뛰어드는 한 미친 사내의 이미지에서 나는 디오니소스의 한국 버전을 감지하곤 했는데, 그럴 때마다 떠오르던 것이 바로 선생이 그날 밤 추던 그 춤이었다. 온화하고 절제된 표정과 행동 너머, 선생의 이면에는 디오니소스나 백수광사, 혹은 조르바가 숨어 있었던 것이다.

어쨌든 그 춤을 보던 날 밤 이후로 나는 선생의 삶, 선생의 말, 선생의 문학에 대해 그 진정성을 의심해 본 바 없는데, 실제로 문단의 행사나, 이런저런 회합이나, 심지어 우연히 맞닥뜨린 길거리에서 얼핏 보게 되던 그의 모습에서 느껴지는 아우라는 실로 그 말의 가장 엄밀한 의미에서 '시인의 풍모' 그 자체였다. 그가 문학하는 이로서의 내 존재를 언제부터 알았는가와 무관하게 그는 오랫동안 내 마음속에서 어떤 절대적인 표상(나도 늙을 테니 꼭 그렇게 늙었으면 싶은)이었던 것이다.

2. 구석참의 시인

과도하게도 '풍모'라는 표현을 썼다. 그러나 그의 모습을 한 번이라도 유심히 관찰한 이라면 이 말이 고작 은사에게 어쩔 수 없이 바치는 흔한 경의의 수사만은 아님을 이해할 것이다. 하얀 백발의 말총머리에 오래되어 보이지만 잘 어울리는 모자를 눌러쓰고, 말수는 적되 해야 할 말의 급소를 찌르는 화법을 구사하고, 오래 있어야 할 자리에서는 구석참을 지키고 있되 오래 있지 않아야 할 자리에서는 어느 순간 스르륵 자취를 감추는 것이 선생의 평소 모습이다. 그리고는 일단 일어서면 마르고 곧은 척추를 직립보행하는 동물 최고의 모범처럼 세우고 걷는다. 그렇다고 차갑거나 엄한가 하면 그도 아닌 것이, 웃음은 소박하고 행동에는 격의가 없다.

가까운 곳에서 그를 지켜볼 기회가 없었던 이들이 태반일 독자들을 위해서라면 이 시집에 실린 두 편의 시로 선생의(이제부터 그의 시 얘기를 해야 할 테니, '선생'이란 말을 잠시 '시인'이란 말로 바꾼다) 인품에 대한 구차한 설명을 대신할 수도 있겠다.

방 가운데
이야기꽃이 피는데

등잔불 뒤에
구석참 한 사람

무등산 야생화처럼
숨어서 웃고 있다

세상일 넘치고
할 말 어찌 없으랴

산에 고개 많고
강에 굽이 많고

숲을 보라는 말
바다를 보라는 말

푸짐한 말잔치
낄 틈 없지 않으련만

그대로 구석에 앉아
그 사람 그저 웃고 있다

– 「구석참」 전문

 1930년생이니 시인 나이 어언 여든이 넘었다. 당연히 살아온 날들 동안 산만큼 많은 고개와 강만큼 많은 굽이를 넘지 않았을 리 없다. 흔히 '격동'이라는 수식어와 함께 사용되곤 하는 '한국 현대사'를 염두에 둘 때, 1930년대에서 2010년대까지 그가 살아온 생애에 대해서라면 온통 하지 못한 말들로 넘쳐 날 줄을 우리는 안다. 그러나 그는 내내, 마치 무등산 야생화가 그렇듯, 등잔불 뒤 구석참에나 앉아 별다른 말이 없다. 물론 이 시의 화자가 관찰하고 있는 '그 사람'이 시인 자신이라는 단서는 시 안에 없다. 그러나 나는 그 많은 말잔치(섣부른 시인들, 섣부르게 도통한 자들일수록 얼마나 말들이 많은지)에도 내내 구석참을 지키며 '그저 웃고 있'는 그 사람이 바로 시인 자신임을 확신한다. 여러 번 목도한 적이 있기 때문이다.

  그와 같은 태도가 작품 「무당촌」에서는 다른 방식으로 드러나기도 한다.

> 무당촌 마지막 무당은 젊은 박흥숙이었다
> 광주교도소에서 교수형을 당한 사람이다
> 그 사연을 말하기엔 마음이 너무 아프다
>
>   - 「무당촌」 부분

  이 시에서 시인이 말하고자 하는 바는 자신에 대해서가 아니라 이른 나이에 교수형을 당한 무당 박흥숙에 대해서다. 그이에 관한 시이므로 의당 시는 그이의 사연을 말해야 한다. 그러나 시인은 '그 사연을 말하기엔 마음이 너무 아프다'라고만 할 뿐, 구구절절 사연을 늘어놓는 일을 삼간다. 이 시가 힘을 얻는 것이 실은 바로 그 침묵 때문이다. 여든 넘은 노시인이 차마 말할 수 없는 사연이라면 그 사연의 깊이와 아픔이 어떠할지, 독자로서는 쉽게 짐작하기 힘들다. 그 짐작하기 힘듦이 박흥숙의 죽음에 더욱더 강렬한 아우라를 부여한다. 이처럼 절제와 함구, 그러나 바로 그 침묵이 더 많은 말

을 하게 하는 것, 그것이 시인의 어법이자 산행시 시작법이다.

노시인에게는 외람된 말이지만, 저렇게 말하고 행동하면서 늙어 가는 것이 쉬운 일은 아니다. 그럴듯한 문장 몇 줄 쓰고, 시인 명패 가진 이들치고 언행이 저와 같은 이들을 나는 그리 자주 본 적이 없다. 특히나 산을 시로 쓴다는 이들일수록 하나같이 도인이고(이때 산은 인생 말미의 그 뻔한 가르침을 얻는 도구가 되고 만다) 하나같이 열혈지사인 것이(이때 산은 도도한 역사와 민족의 기상 같은 사람의 옷을 입고 만다). 그 앞에서는 자주 튀는 침과 되풀이되는 허언을 감당해야 한다. 그러니 꼭 저렇게만 늙고 싶다는 내 바람이 실은 얼마나 실천하기 어려운 지도 나는 안다.

물론 시인에게도 저리 늙는다는 일이 쉬운 일은 아니었을 것이다. 나는 그렇게 믿는데, 여전히 저 단아하고 곧은 언행 너머, 그 밤 추던 그 이상한 춤사위가 사라진 데가 어딘지를 모르겠기 때문이다. 백수광사를, 혹은 디오니소스를 몸에(흔히 이것들은 정신에 감추어지지 않는다) 감추어 둔 이는 어떻게든 열병을 앓게 마련이라고 나는 프로이트에게서 배웠다. '억압된 것의 회귀'가 그것이다. 그러니 그 춤은 어디로 억압되었다가, 어디로 회귀하는 것일까?

3. '인간적인 너무나 인간적인' 무등산의 파우스트

물론 그가 쓴 시만이 그 답을 일러 줄 것이다. 왜냐하면, 만약 어떤 이가 진정한 의미에서 시인이라면 그 안에서 자신을 감추지는 못하는 법이기 때문이다. 언어는 하이데거의 말마따나 존재의 집이자, 라깡의 말마따나 무의식의 집이다. 무의식은 언어처럼 구조화되어 있다. 시가 시인의 의도와는 무관하게 거짓말을 할 수 없는 것은 그런 이유 때문이다. 그렇다면 억압된 백수광사는 시 속으로 회귀할 것이다. 『무등산』의 시인은 그러나 애초부터 시 속에서 거짓말을 하거나 뭔가를 억압할 의도조차 없었던 듯하다. 시집을 펼치면 처음 대하게 되는 것이 이런 문장들이기 때문이다.

(선조들은 - 인용자) 중국 고전에 비유하고 때로 과장하고 영풍명월하면서 끊임없이 자기를 일상에서 멀리 하였다. 따라서 힘들어도 글에 자기의 거친 숨결이 보이면 정도가 아니었다. 나는 아니다. 나의 산행은 잃어버린 무등산의 원시를 찾아가는 고산고수苦山苦水의 길이고 자기의 영혼과 육체를 짊고 산을 오르는 짐꾼이고 셰르파의 기록이기도 하다. 진경眞景에 대한 인식도 다르다. 나는 자기 자신에게 단순하고 순수하고 솔직하다. 그리고 산행이 고행이고 중독이고 광기이기 때문에 그래서 산행인 것이라고 나는 믿고 있다.

― 「시인의 말」에서

시인은 자신의 시쓰기를 선조들의 영풍명월과 단호히 구분한다. 스스로 말하기를, 자신의 산행시들은 "고산고수의 길"이고 "영혼과 육체를 짊고 산을 오르는 짐꾼"의 기록이란다. 또 자신에게 산행은 "고행이고 중독이고 광기"란다. 나는 이 소박하고 솔직한 말들 중에서도 특별히 '육체'란 말과 '광기'라는 말에 유념하는 편이다. 물론 이 두 어휘는 실은 의미론적으로 같은 계열에 속하는 것처럼 읽히기도 하는데 수양이 정신에 속하는 딱 그만큼, 광기는 육체에 속하기 때문이다.

아니나 다를까, 무등산 시편 101편을 묶은 이번의 시집에서 내 눈에 가장 도드라지는 동사가 바로 '미치다'이다. 바람을 노래하고 달을 읊었던 선조들과는 다르게, 1990년대(실은 지금까지도) 한국 시단을 풍미한 이른바 생태시인들과도 다르게, 그는 산에 가면 대개 '미친다'. 여기 그 예들이 있다.

"알프스와 무등산이 다른 것은/알프스는 밤에 어둠 속에서만 미치게 하고/무등산에서는 내가 대낮에도 미친다는 것"(「알프스 산 한밤중」에서). "무등산에 첫눈 내리면/내가 왜 우는지/서석대도 입석대도 규봉도 너덜겅도/다람쥐도 노루도 미친 그 까닭을 알지 못한다"(「무등산에 눈 내린다」에서). "무등산 정상 천둥이/미친 폭풍우와 야합할 때//바위 위에서 다 벗고/백 년의 춤을 춘 까닭/그가 서석대 150번째/땀방울이 미친 날이었다"(「서석대 설치미술」에서). "장마가 들면 나도 미친 산이고 물같이/하루에도 몇 번씩 덕산계곡에 가 있다"(「무등산 장마」에서).

알프스에서와 달리 시인은 무등산에서라면 대낮에도 미친다. 첫눈이 내리면 봉우리들이나 동물들도 그 내력을 모르게 미치고, 천둥이 정상과 야합할 때는 바위 위에서 나체로 백 년의 춤을 추며 미치고, 장마가 들면 하루에도 몇 번씩 덕산계곡에 가서 미친다. 아마도 무등산에서의 이 광기를 두루 종합하는 시가「무등산에서 미친 것은 나뿐만이 아니다」일 것이다.

무등산에서 미친 것은 나뿐만이 아니다
방향이 없이 쏟아지는 비가 미쳤다
알게 구멍이 난 하늘이 미쳤다
화살같이 쏟아지는 물이 미쳤다

무등산에서 미친 것은 나뿐만이 아니다
소리치며 불어대는 바람이 미쳤다
소리치며 부러지는 나무가 미쳤다
지진 같은 바위의 울음소리가 미쳤다

무등산에서 미친 것은 나뿐만이 아니다
절벽에 부딪치는 구름이 미쳤다
구름 위에 서 있는 어지러움이 미쳤다
심호흡 사이로 짙은 산 냄새가 미쳤다

무등산에서 미친 것은 죽음보다 신난다
무등산에서 혼자 죽는 것은 무의미하다
미친 비 미친 바람 미친 나무 바위 구름
미친 무등산을 두고 나만 죽으면 너무 무의미하다

- 「무등산에서 미친 것은 나뿐만이 아니다」 전문

 미친 시인의 눈에 무등산의 모든 것들은 다 미쳤다. 비도, 하늘도, 계곡의 물도, 바람도, 나무도, 바위도, 구름도, 산내음도 다 미쳤다. 그 끝에서 결국에는 죽음마저 광기에 굴복당한다("무등산에서 미친 것은 죽음보다 신난다"). 온건하고 상투적인 의인법으로 자연을 인간화시켜 버리고야 마는 그 숱한 생태시들로부터 범대순의 시를 구분시켜 주는 저 강렬한 광기의 기록들을 두고, 그가 20세기 가장 열정적이었던 시인 오든(W.H. Auden)의 숭배자였단 사실을 떠올리는 것도 딱히 틀린 독법은 아닐 것이다. 그러나 내 눈에 저 시의 수수께끼 같은 마지막 연 네 행은 시인의 광기에 관한 그보다 심오한 기원을 드러내 주고 있는 것처럼 읽힌다.
 내가 읽기에 시인의 광기는 칸트 이래로 낭만주의자들이 소위 '숭고(sublime)'라 불렀던 감정과 형제다. 도저히 가늠할 수 없는 거대한 풍경이나 사물 앞에서 인간의 이성이 압도당할 때, 상상력의 크기로는 헤아릴 수 없는 무한자 앞에서 인간 스스로의 유한성이 한없이 초라해질 때(물론 칸트에 따르면 이성은 금세 오만함을 회복한다), 그럴 때 느끼는 감정을 칸트는 '숭고'라고 불렀다. 공교롭게도 칸트가 숭고 감정을 불러일으키는 대상의 예로 들었던 것 역시 알프스 산이었음은 흥미로운데, 아마도 괴테의 저 유명한 파우스트가 바다 앞에서 느꼈던 감정도 이와 같았을 것이다.

내 눈은 저 아득한 바다로 끌렸다네.
그것은 부풀어서 저절로 솟구쳐 올랐다가는
잠잠해지는가 싶더니 다시 파도를 퍼부어
넓고 평탄한 해변을 덮치는 걸세.
난 그게 못마땅하네. 오만한 마음이
정열에 들뜬 혈기를 못 이겨
온갖 권리를 존중하는 자유정신을
불쾌한 감정으로 바꿔 놓은 것 같아서 말일세.
우연이려니 생각하고 더욱 날카롭게 응시해 보니,
파도는 멈췄다가 다시 구르면서
당당히 도달했던 목표에서 멀어져 가는 거야.
시간이 되면 이 유희를 또 되풀이하는 거지.
......
여기서 나는 싸우고 싶다. 이것을 이겨내고 싶다.

— 요한 볼프강 폰 괴테, 『파우스트』 2권, 정서웅 옮김, 민음사, 2001. p.297.

파우스트는 지금 바다 앞에 서 있다. 그는 거의 미치기 직전인데, 이유는 바로 자신 앞에 펼쳐져 있는 바다 때문이다. "부풀어서 저절로 솟구쳐 올랐다가는 잠잠해지는가 싶더니 다시 파도를 퍼부어 넓고 평탄한 해변을 덮치"는 바다, 또다시 구르면서 "당당히 도달했던 목표에서 멀어져 가는" 바다, 그것의 리듬은 실로 무한하다. 파우스트가 존재하기 훨씬 오래전부터, 그리고 그가 지상에서 사라지곤 난 후에도 영원히 되풀이될 것이 바로 저 무한한 파도의 리듬이다. 파우스트가 불쾌해서 못 견디는 것은 바로 그 바다의 무한성이자 숭고함이다. 왜냐하면 그 앞에서 인간의 '자유정신'은 고작 찰나의 기도이자 무력하기 그지없는 일순의 몸부림 같은 것이 되고 말기 때문이다. 이어지는 장면에서 그가 메피스토펠레스를 충동질해 세 명의 용사로 하여금 바다와 한편인 필레몬의 오두막을 불태우고 노인 부부를 화형시키게 하는 광태를 보여주는 것도 같은 이유다. 파우스트는 무한한 것의 위용 앞에서 자신의 초라함과 한계성에 직면해 미쳐 버린 유한자다.

파우스트가 바다가 아닌 산을 마주했더라면, 아마도 앞서 인용한 시의 마지막 연처럼 말했으리라. '산에서 혼자 죽는 것은 무의미하다. 미친 산을 두고 나만 죽으면 너무 무의미하다.' 이성은 인간의 유한성을 이해하고 어쩔 수 없는 것으로 받아들인다. 숭고한 감정이 이성에 굴복하는 순간이다. 그러나 광기는 그 넘쳐나는 신명으로 마치 무한을 얻을 것처럼 도도하고 거침없다. 광기는 숭고에 굴복하지 않고, 무모하게도 스스로 숭고해지고자 한다. 시인이 자신의 산행은 요산요수가 아니라 고산고수요, 시지프스의 고행과 같다고 했던 것도 아마 그런 까닭이었을 것이다. 그리고 산행 곳곳에서 소리 지르고 발가벗고 춤추었던 것도 그런 까닭이었을 것이다. 물론 유한한 인간 존재가 산과 바다와 하늘의 무한성과 대등해질 수는 없다. 그러나 무한한 것 앞에서 굴복하지 않기로 작정한 자에게 산행은 무한이 유한을 점거하려는 불가능한 시도의 은유가 될 수밖에 없다. 노시인의 몸속에 여전히 어떤 열정과 광기가 도사리고 있어서, 유한한 몸으로 저 말 없는 무한성에 도전할 때, 산행은 고행이 된다. 영혼의 일이 아니라 육체의 일이 되고, 유한이란 숙명의 짐을 진 셰르파의 고역이 된다. 말하자면 솔직하고 꾸밈없이, '인간적인 너무나 인간적인' 행위가 된다.

4. '죽을 존재'의 윤리

그러나 애석하게도 광기와 신명은 항상 그리 오래가지 못한다. 신명 후 백수광사는 죽음의 복수를 당하고, 디오니소스는 무아지경에나 잠시 들렀다 갈 뿐 오래도록 소식이 없다. 어느 순간 피로가 찾아오면 내 몸은 다시 유한자, 하이데거의 말마따나 인간이란 슬프게도 '죽을 존재'다. 죽음이라는 절대적 타자의 방문에는 예외가 없다.

그럴 때 취할 수 있는 두 가지 태도가 있다. 알다시피 파우스트가 바로 그 인간 존재의 유한성에 직면하여 취한 태도는 다분히 폭력적이다. 그는 필레몬과 바우키스 노인의 (은은하게 고대적인 종소리가 울려 퍼지던) 오두막을 불태우고 그들을 화형시킨다. 자신의 의도가 아니었다고 강변하며 결백의 수사학을 펼치지만 실은 미필적 고의다. 이후의 행적이 그 증거인데, 그는 마치 기다렸다는 듯이 대역사를 시작한다. 거대한 바다를 메우고 유유한 물길을 막는다. 루카치가 『파우스트』를 두고 "피가 뚝뚝 듣는 본원적 축적의 시"라고 부른 이래로, 그는 최초의 근대적 개발자이자 무자비한 자연의 정복자가 된다. 근대는 그런 방식으로 무한한 것들을 파괴함으로써 스스로를 무한한 어떤 것으로 만들고자 시도한다. 물론 그 폐해는 적지 않았다.

그러나 근대의 막바지를 사는, 그래서 파우스트보다는 더 현명한 노시인은 그처럼 폭력적인 길을 택하지 않는다. 가령 어느 가을 중봉에 올라 백마능선을 바라보며 "길고 큰 사상을 타지 못하고 하산하자니 눈물과 같이 한이 남는다. 아름다움은 절망, 백마이면서 젊음이었다."(「무등산 백마능선」)라고 노래할 때, '백마'는 분명 광기의 다른 말이고 '하산'은 분명 죽음의 다른 말이다. 광기 밖에서 보면 광기는 젊음과 같이 허망하고, 산은 여전히 나 없이도 무한하게 아름답다. 나는 필멸의 존재, 이제 광기로도 저 산을 정복하지 못했으니, 다른 길이 없다. 그의 시에 '광기' 만큼이나 자주 '죽음'이 등장한다는 사실은 따라서 주의를 요한다.

그런데, 시인에 따르면 죽음은 '셀프'다.

> 나도 익힌 셀프 가운데
> 여든의 맨발 그리고 산행
>
> 혼자 가는 무등산
> 죽음에 이를 나의 병도 셀프이다
>
> —「셀프 문화」부분

여든 넘은 시인이 맨발로 산에 오르며 생각하자니, 죽음은 셀프다. 이 말을 좀 더 현란하고 철학적인 용어로 번역하자면 죽음은 실존의 단수성(특이성, singularity)이 적나라하게 드러나는 순간이다. 누구나 홀로 죽을 수밖에 없기 때문이다. 게다가 누구나 자신의 죽음을 죽어본 적이 없는 채로 죽게 되므로 죽음은 인간 존재의 불완전성, 유한성, 그 단수성을 철저하게 자각할 수밖에 없도록 하는 절대적 타자이기도 하다. 누구도 죽음이 무엇인지 알지 못한 채로, 다만 자신의 유한성을 받아들이는 순간 죽는다.

흥미로운 것은 블랑쇼와 낭시가 '공동체'와 '윤리'의 가능성을 발견하는 지점이 바로 여기라는 사실이다. 누구나 죽는다. 나뿐만 아니라 타자 또한 나처럼 단수적으로, 절대 완전하게 되지 못한 채 죽는다. 우리 모두는 타자와 죽음을 공유하는 유한하고 또 유한한 존재들이다. 실로 죽음을 통해 우리는 타자와 연루되는 것이다. 그로부터 탄생하는 것이 블랑쇼의 '밝힐 수 없는 공동체'이고 낭시의 '무위의 공동체'이다. 죽음은 우리들 서로가 서로에게 타자들로서 뭔가를 존재론적으로 분유(partage)하고 있는, '공동-내-존재'임을 드러내 주는 거의 유일한('사랑'과 함께) 체험이다.

  그러나 나는 그저 읽은 동냥으로나 나와 타인의 죽음에 대해 아는 척할 수 있을 뿐, 그 깊은 속내를 다 헤아릴 수 없는 선생(이제 다시 생의 가장 지혜로운 시절을 사는 내 은사, 그를 선생이라고 부르기로 한다)의 혜안이야말로 실은 '체험적으로' 여기에까지 미쳐 있다고 믿는 편이다. 이런 시들 때문이다.

    큰비 내린 산에서 길을 잃은 시각에
    강이 되어 버린 물속에 그대로 섰다
    화살처럼 날아다니는 번개도 가깝다

    쏟아지는 큰비 속에 어둠이 들면서
    나무뿌리가 거꾸로 서는 것이 보인다
    벼락을 미리 알고 우는 바위도 있다

    생을 어떻게 마감할까 생각한 적이 있다
    생을 마감하는 데 이보다 더 좋은 기회이랴

그런데 아닌 속마음이 거기 있었다

산 말고 거리에서 들에서 마치고 싶구나
바람 번개 벼락 말고 사람 옆에 있고 싶다
아니게 죽더라도 사람 앞에서 죽고 싶다

— 「큰비 내린 날의 산행」 전문

오 내일이 내일이고 내일이면서 내일이고 하늘이고 사상인 당신
당신들 속에서 같이 내가 자식 낳고 비비고 살면서 떠나지 않고
여기 이렇게 있다가 이제 가을날 같이 갈 날을 가고 있는 생애여
걸어 보지 못한 길 파안대소로 이제 그 야생을 마감하고자 한다

— 「파안대소의 여진」 전문

여기 특별히 눈여겨 볼만한 죽음이 둘 있다. 「큰비 내린 날의 산행」에서 선생은 처음엔 산에서 생을 마감할까 생각했다고 고백한다. 만약 앞선 시들에서처럼 그의 산행에 숭고와 광기만이

있었다면 아마도 그렇게 되었을지도 모를 일이다. 그러나 선생은 이내 거리와 사람 옆에서 죽음을 맞겠다고 맘을 고쳐먹는다. 쉽고 단촐한 문장들이지만, 저 문장들 안에는 단수적인 유한자가 자신과 마찬가지로 결국에는 죽어야 할 존재인 타인들에 대해 느끼는 연대감에 대한 성찰이 있다. 그 감정은 파우스트의 정복욕과는 사뭇 다른 감정이다.

이때 그 타인들은 물론 「파안대소의 여진」에서처럼 익명의 '당신'들이다. 일면식도 없고, 어떤 이념이나 사상도 공유한 바 없지만, 저 유구한 무등산 아래 살며 필연코 닥칠 죽음을 공유한 바로 그 '당신들' 속에서, '자식 낳고 비비고 살면서 떠나지 않고' '이제 가을날 같이 갈 날을 가고 있는 생'을 선생은 살고 있다. 그러므로 그의 수십 년에 이르는 무등산행이 다만 광기의 고행뿐이었다고는 말할 수 없다. 지금도 올려다 보면 눈앞에 보이는 바로 저 산이, 결국에는 '걸어 보지 못한 길'을 남기고 죽을 수밖에 없는 유한자들의 운명 앞에서도 '파안대소'할 수 있는 정신의 힘을, 그에게 선물했기 때문이다.

무등산無等山

초판1쇄 찍은 날 | 2013년 10월 28일
재판2쇄 찍은 날 | 2017년 11월 10일

지은이 | 범대순
펴낸이 | 송광룡
펴낸곳 | 문학들
등록 | 2005년 8월 24일 제2005 1-2호
주소 | 501-841 광주광역시 동구 천변우로 487(학동) 2층
전화 | 062-651-6968
팩스 | 062-651-9690
전자우편 | munhakdle@hanmail.net

ⓒ 범대순 2013
ISBN 978-89-92680-76-9 03810

· 잘못된 책은 바꿔드립니다.
· 책값은 뒤표지에 표시되어 있습니다.